华夏文库·儒学书系

经学大师

皮锡瑞

金小方 著

大地传媒　中州古籍出版社

《华夏文库》发凡

毫无疑问，每一个时代都有属于自己时代的精神追求、文化叩问与出版理想。我们不禁要问，在 21 世纪初叶，在全球文明交融的今天，在信息文明的发轫初期，作为一个中国出版人，我们正在或者将要追求什么？我们能够成就或奉献什么？我们以何种方式参与全球化时代的文化传播进程？在一连串的追问下，于是，有了这套《华夏文库》的出版。

自信才能交融。世界各大文明在坚守自身文化个性的同时，不约而同地加快了探视其他文化精神内涵的步伐，世界不同文明正在朝着了解、交流、碰撞、借鉴与融合的方向前进。在此背景下，建立自身的文化自信，正是与世界各文明民族进行文化交流的基本要求。五千年中华文明与文化正在不断地被其他文明所发现、所挖掘、所认知，汉语言正在生长为世界语言，儒文化正在世界各地生根发芽。

借助这样一种正在成长着的文化自信、自觉、开放、亲和之力，用我们这个时代的学术眼光全面系统梳理中华五千年的文明与文化，向其他各大文明与文化圈正面展示自我，让中华优秀文化成为世界文化的重要组成部分，正是我们出版这套文库的目的之一。此其一。

知己才能知彼。身处五千年文化浸润的今天，重新思考我们先人的人生思考、价值思考与哲学思考，找到一个民族、一个国家的价值所在、立命所在、安身所在，这已经是我们这个时代的学人与出版人不得不再思考的问题。作为中华文明的一分子，我们在思考的同时，还必须了解我们的先人创造了如何优秀的精神文明与物质文明以及社会文明。只有熟知自己的文化，热爱自己的文化，悟明自己的文化，我们才能宣说自己、弘扬自己、光大自己。因此，我们策划组织这套《华夏文库》的初衷，还在于让当下的知识青年全面系统瞭望中华文明与文化的全景，并借此能够对更为深广的世界各民族文化提供一个比较认知的基础。此其二。

顺势才能有为。我们正处在农耕文明、工业文明、信息文明的交汇处，信息文明带领我们从读纸时代进入读屏时代，以智能手机屏幕为代表的书籍呈现方式正在与纸质书籍争夺阅读时间与空间。我们正在领悟数字技术，正在以信息文明的视角，去整理、分析和研究农耕文明与工业文明的文化遗产，不仅仅是为了唤醒优秀的传统文化，我们还在生发和原创着当今时代的文化。由此，我们试图架起一座桥梁——由纸质呈现而数字呈现，由数字呈现而纸质呈现，以多媒介的书籍呈现方式，将文字、图像、声音与视频四者结合，共同筑成《华夏文库》以奉献给信息文明时代的新读者。此其三。

总之，这是一套——专家大家名家写小书；以最小的阅读单元，原创撰写中华精神文化、物质文化与社会文明系列主题与专题；以图文、音视频多媒介呈现的方式，全面介绍与传播中华文明与优秀文化，系统普及与推介中华文明与文化知识；主旨是为了让世界与中国共同了解中国的——大型丛书，借此，复兴文化，唤起精神，融入世界。

耿相新

2013 年 6 月 27 日

目录

一 从失意士子到经学大师

1. 书香少年立志济世 …………………………… 2
2. 科场一梦终难圆 ……………………………… 4
3. 龙潭、经训书院讲学 ………………………… 8
4. 南学会讲学与党禁 …………………………… 10
5. 晚年推动教育改革 …………………………… 13
6. 清末今文经学的集大成者 …………………… 18

二 皮锡瑞与西学东渐下的近代中国社会思潮

1. 与维新派交往密切 …………………………… 21
2. 与顽固派据理力争 …………………………… 26
3. 对洋务派心存敬意 …………………………… 29
4. 与革命派势不两立 …………………………… 31

三 清末今文经学的集大成者

1 中国第一部经学史著作——《经学历史》……… 36
2 皮锡瑞的《易经》研究 …………………………… 43
3 皮锡瑞的《尚书》研究 …………………………… 53
4 皮锡瑞的《诗经》研究 …………………………… 67
5 皮锡瑞的"三礼"研究 …………………………… 76
6 皮锡瑞的《春秋》研究 …………………………… 86
7 皮锡瑞的诗、词与骈文艺术 …………………… 101

四 名门之后的末代经师

1 皮氏乃江右望族 ………………………………… 110
2 三湘硕学，咸出其门 …………………………… 117
3 皮锡瑞的学术朋友 ……………………………… 122

五 学综汉宋　评论古今

1 师伏堂与西京微言大义 ………………………… 129
2 皮锡瑞综评郑玄 ………………………………… 132

3 皮锡瑞综论朱熹 …………………………………… 136
4 皮锡瑞论清代汉学名家 ……………………………… 139
5 学者眼中的皮锡瑞 …………………………………… 143

小知识目录

拔贡和朝考 6
乡试和会试 6
课艺 9
八股文 16
湖南高等学堂 16
师范馆 16
策论 28
《白虎通义》 42
焦延寿 50
《十翼》 51
贾谊 51
施雠和梁丘贺 51
焦循 52
刘歆 64
秦始皇焚书 64
熹平石经 65
段玉裁 66

司马迁	75
鲁壁	85
何休	99
胡安国	99
宋襄公	99
左丘明	100
王闿运	125
王先谦	126
许慎	134
戴震	138
惠栋	142

一 从失意士子到经学大师

皮锡瑞的一生可分为两个阶段：第一阶段即四十五岁之前，为参加科举考试的阶段；第二阶段为四十五岁之后，为书院讲学和推动教育改革的阶段。他一生主要做了三件事：第一件事是参加科举考试；第二件事是从事讲学和教育改革；第三件事是经学研究。科举考试消耗的时间最多，给他的打击也最大。讲学与推动教育改革使他桃李满天下，成为学生景仰的大师。经学研究是他后半生用力最勤、收获最多的事情。他的经学研究自三十岁左右开始，直至去世。

1. 书香少年立志济世

皮锡瑞出生于一个日渐没落的大户人家。据皮锡瑞《师伏堂日记》记载："予故家江右临江清江龙潭村，……后家湖南。"可见，皮氏祖上由江西清江县迁往湖南善化县，是"江右望族"。

皮锡瑞的曾祖皮登乐以经商起家，使皮家成当地有名的富裕户，同时，他又读些诗书，可谓知书明理之士。祖父皮存源曾经进入国子监，好义轻财，以孝友信义而闻名乡里。

父亲皮树棠（1839～1889）是同治元年恩科举人，历任宜章、华容县学训导，辰州府学教授，后曾任浙江宣平县知县，前后八年，为政清廉，关心百姓，尤其重视兴办学校、培育人才。

皮家自皮锡瑞的祖父皮存源以来，便为官清廉，潜心文墨，不重产业，至其父皮树棠时，家境已大不如以前，甚至靠卖家产来偿债。

皮锡瑞于道光三十年十一月十四日（公元1850年12月17日）生于长沙府善化县（今长沙市）城内南正街家宅。其幼承庭训，五岁开始识字，六岁外出求学，八岁能作诗文，从小便好学深思。由于生逢乱世，皮锡瑞自小即深刻感受到时事之艰难而心忧天下，少年时便有远大志向，以救济天下为己任。

2. 科场一梦终难圆

皮锡瑞的学术经历分两个阶段：第一阶段为学习辞章之学，阐明"四书"义理，积极参加科举考试；第二阶段为重视经学训诂，力主改革科举考试，推行新式教育。

皮锡瑞先后有三位私塾老师：一为童海观（字玥），皮锡瑞六至七岁在其门下学习；二为陈秋珊（字善昌），皮锡瑞八至九岁在其门下学习；三为鲍蓉泉（字文浚），皮锡瑞十至十四岁在其门下学习。

皮锡瑞最春风得意的是少年时期。同治二年（1863），十四岁的皮锡瑞初次参加童子试，便以非凡的才学获得学使温昧秋（字忠翰）先生的赏识，补为善化县学生员，成为一名秀才。二十岁时，皮锡瑞与益阳王怀钦、长沙阎象雯一同以文章才华名扬乡里，三人并称"阎王皮"。正如《师伏堂诗草》所云："毅皇之初方康乐，我年未冠登词场。"

1873年，二十四岁的皮锡瑞得举拔贡。湘潭大儒王闿运作诗赠包括皮锡瑞在内的五拔贡，其中有"旋看五凤上青霄"、"共入天门奏九韶"等句，期望五位新科拔贡一飞上天，报效君国。1874年，二十五岁的

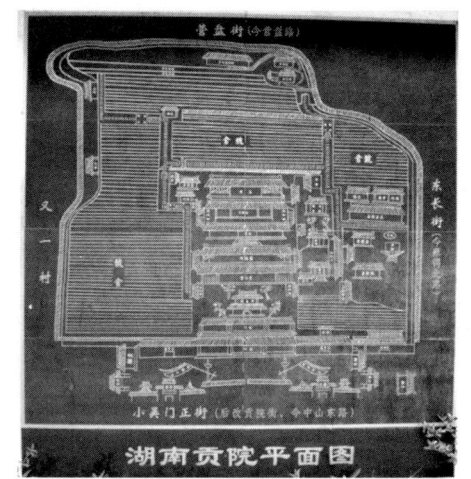

清代湖南贡院
正门在今中山路百货大楼；左围墙从蔡锷北路始，绕教育街，转巡道街止；右围墙则在今天的又一村、五堆子、赐闲湖巷；北面围墙则变成了今天的营盘路

皮锡瑞参加京师朝考，却没有考中。此次失意对少年得意的皮锡瑞来说，可谓当头一棒。皮锡瑞只能在京城与一同赴考、同样失意的好友王怀钦借酒浇愁。这便是皮锡瑞久困科场的开始。

皮锡瑞参加过四次乡试，分别是1875年、1876年、1879年、1882年，直到1882年，三十三岁的皮锡瑞参加顺天府乡试才中举。后又参加过四次会试，但依然无功而返。

在参加朝考与乡试的八年中，皮锡瑞生过大病，又遭丧妻之痛，可谓身心交瘁。在参加会试的十多年中，又先后经历丧母、丧父、丧子之痛。父亲在世时，家境便大不如以前。父亲去世后，家庭生活的重担便落到了皮锡瑞的肩上。他到桂阳龙潭书院、南昌经训书院讲学，实为生活所迫。随着年龄的增长，皮锡瑞那种少年时对自己才华的自信逐渐变淡。他久困科场，报国无门，自感靠辞章之学不能自成一家，于是便把自己的学问重心转向了经学训诂和教育改革。

小知识◎拔贡和朝考

拔贡是科举制度中由地方贡入国子监的生员之一种。清朝有五贡，分别是拔贡、岁贡、优贡、副贡、恩贡。五贡中以拔贡最难，一因拔选的周期很长，雍正五年曾定为六年选拔一次，乾隆七年改为逢酉一选，即十二年选拔一次，从此成为定制；二因拔贡挑选极严，由学政从全省生员中遴选文才、品行兼优者入贡朝廷，再经朝臣复核，始能充贡国学；三因选拔名额少，每府学二名，州、县学各一名。

朝考有两层含义：一、指皇帝主持的对各省贡入京师的拔贡考试。《清史稿》记载，乾隆初年规定，对各省贡入京师的拔贡，要进行朝考。朝考以后，便按其才能决定是否任用，以及如何任用。二、朝考专指对中试进士的再次考试。

◎乡试和会试

乡试是明、清时在各省省城和京城举行的科举考试，照例每三年举行一次，逢子、午、卯、酉年为正科，遇皇家有喜庆之事加科为恩科。由皇帝钦命正副主考官主持，凡获秀才身份的府、州、县学生员，以及监生、贡生均可参加。考试通常安排在八月举行，因此又称秋试或秋闱。

会试是金元明清四代科举考试的名目之一。由礼部主持，在京师举行。各省乡试中试的举人，于次年二月（清乾隆时改在三月）入京参加考试。以往各届会试中未中的举人与国子监的监生也可一同应试。因考试在春天，又称春试或春闱。若乡试有恩科，则次年也举行会试，称会试恩科。

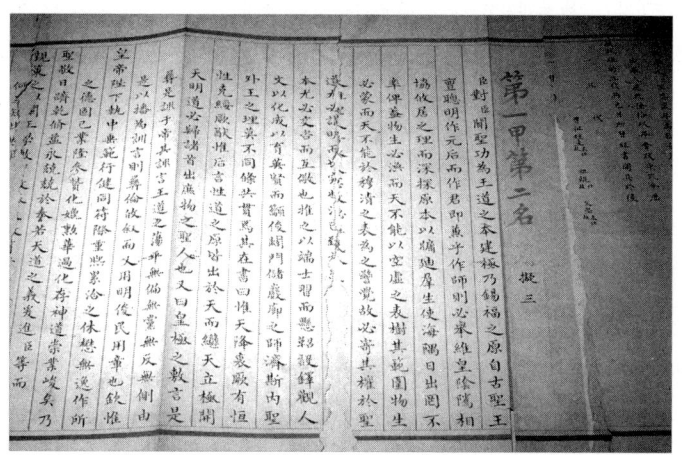

清代科举各级考试皇榜
皇榜是古代科举制度殿试后录取进士、揭晓名次的布告。因用黄纸书写，故又称黄甲、金榜，因为多由皇帝钦定，故俗称皇榜。考中进士便称金榜题名

3. 龙潭、经训书院讲学

1890年，皮锡瑞主持湖南桂阳龙潭书院讲席。这年四月他由长沙前往龙潭书院，六月便返回长沙了，在龙潭书院的时间不过两个月。但是，他后来一直关心龙潭书院的学生，如1892年五月，在刊刻山阳丁俭卿的《六艺堂丛书·读经说》给经训书院的学生时，还不忘寄给龙潭书院的学生。

1892年，南昌经训书院请皮锡瑞主持讲席。江西学者一直崇尚宋学，重视心性义理的阐发，解经多"杂采汉宋，空衍义理，论不似论，文不似文"，骈文与政论杂在一起，诗的内容多俗语。为此，皮锡瑞向学生宣讲西汉今文经学的微言大义，教学生研习经学应当严守家法。在皮锡瑞的精心教导下，一时间优秀人才集于门下，学术风气发生了明显的转变。

皮锡瑞在经训书院的教学业绩，主要体现在科举考试中。1893年和1894年的江西乡试中，经训书院中举的学子各有13人；1897年江西省中举的学子有32人，前十名都出自经训书院。皮锡瑞自然对此功不可没。

小知识◎课艺

　　课艺是书院士子在模拟考场内写成的一篇篇"制艺"文章。"课"是测试、考核;"艺"即八股文,也称为"制义"。书院一般都将学生的课艺编成一册,以便后人模仿学习。

4. 南学会讲学与党禁

甲午海战后,中国面临被瓜分的危机,国家命运危在旦夕。湖南维新志士筹划成立南学会,宣传救亡,推动者主要是湖南巡抚陈宝箴,主要人物有陈三立、熊希龄、谭嗣同等。南学会在振兴新学、造就人才方面发挥了重要作用。

皮锡瑞主讲南学会的原因有两方面。一方面,他早有离开江西经训书院的打算,原因是受人排挤。早在1895年,江西士绅已有人想挤占经训讲席的位置,皮锡瑞就托张祖同为他在湖南找一份工作。1897年续订经训书院聘约时,又有人从中作梗,力谋排挤他而没有成功。另一方面,湖南士绅热情邀请他主讲南学会。由于他关心湖南的维新运动,主动与筹办湖南新政的官吏与士绅交往,与黄遵宪、梁启超、熊希龄、谭嗣同、王先谦等人建立了密切关系。黄遵宪十分欣赏皮锡瑞,认为他不仅学识渊博,精通古学,还思想开通,对新学也十分了解。梁启超和熊希龄等人则看中他善于言谈的特长,在南学会筹备之初,便打算聘他当学长。

湖南巡抚陈宝箴对皮锡瑞主讲南学会起了决定性作用。陈宝箴是

长沙天心阁
天心阁在长沙市中心地区东南角上，是长沙古城的一座城楼。为长沙重要名胜，也是长沙仅存的古城标志

江西人，极其看重皮锡瑞，一直向江西抚署、学政荐举他主讲经训书院，所以在江西士绅内部虽然有人排挤皮锡瑞，但他依然受聘。尤其是经训书院在江西乡试中取得优异成绩，陈宝箴很满意，认为皮锡瑞功不可没。所以，当皮锡瑞提出辞去经训书院职务时，未得到陈宝箴的同意。后经梁启超、黄遵宪等人劝说陈宝箴才最终同意，但只是允许皮锡瑞兼任南学会讲席，仍保留经训书院的职务。

1898年2月19日，皮锡瑞接到南学会的聘书，主讲南学会便最终确定下来。自1898年2月21日至6月18日，皮锡瑞在南学会共讲学12次，主要内容有四个方面：一、阐明成立南学会的宗旨，如"论立学会讲学宗旨"、"论讲学之益"。二、破除学派门户之见，以兼采众长，如"论朱陆异同归于分别义利"、"论学者不可诟病道学"。三、从经典中阐发变法维新的道理，如"论保种保教均必先开民智"、"申辨孔门四科之旨"、"论孔子创教有改制之事"、"论不变者道必变者法"、"论变法为天地之气运使然"。四、论经济与政治，如"论洋人来华通商传教当暗求抵制之法"、"论交涉之理"、"论盛朝昭代之兴亡原因"。除讲学之外，他还主持南学会的答问。

戊戌变法失败后，慈禧太后开始盲目反对一切新事物，导致各地学会受到很大挫折。1898年8月22日，张之洞以"迹近植党"为由电饬查封南学会。此时，皮锡瑞觉得自己只是一介书生而已，算不上党人，照旧在家讲学著述，为经训书院的教学准备课题。1899年初，皮锡瑞遭御史徐道焜参奏，被革除举人功名，并交地方严加管束，不准去江西经训书院讲学。陷入党禁之中，皮锡瑞言论行动失去自由，一家生计便成了问题，无奈之下他在几家蒙馆教学，身心疲惫，治学大受影响，尤其是无钱出版文稿，令他十分苦恼。直到1904年5月，慈禧太后在七十大寿庆典时，下令降恩解除戊戌党禁，皮锡瑞才完全恢复了人身自由。

凤凰古城陈宝箴老宅
凤凰古城陈宝箴世家的百年老宅，集古城博物馆、陈宝箴世家展览为一体。馆内陈列了陈宝箴的后裔向博物馆捐赠的家族历史文化遗物，如遗照、图片、资料、著作、文献等

5. 晚年推动教育改革

中年以后，皮锡瑞开始怀疑科举考试的价值。这不是基于他自己多年科场受挫和门下得意弟子屡屡落第而产生的私怨，而是怀疑八股取士能否为国家选拔真正的人才。他对科举考试中的舞弊现象尤为愤恨，靠抄袭中举者有之，换人试卷取得功名者有之，八股取士，小人当道，英才没有出头之日。为此，皮锡瑞曾作诗批评八股取士说："八股诗文体似糊，篇中藏药毒迂儒；虽然不见人身死，暗里蒙君智慧枯。"八股文像毒药一样，禁锢了人们的思想，消磨了人们的创造精神，不利于国家的强盛。

在皮锡瑞看来，八股取士不但不能选拔出真正的人才，甚至害人性命。光绪二十八年（1902）八月，皮锡瑞的弟弟和两个儿子参加湖南乡试。皮锡瑞担心的不是他们能否中举，而是他们的性命。他在日记中描述，八月初十第一场考试结束，弟弟小鹤先出来，面色很不好，在考场里中暑了，很严重。小鹤因病没有参加第二次考试。八月十三日第二场考试结束，两个儿子平安出考场，他很感庆幸。据说，考场中已倒下十二个人了，仅隔几个座号就倒下一人。他为此感叹，用这

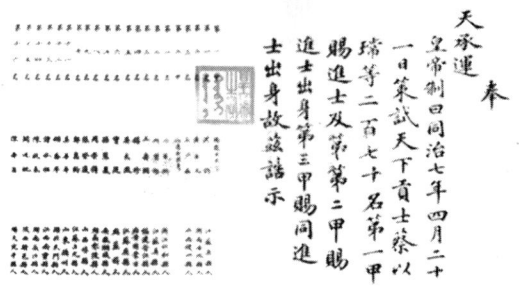

科举考生看榜图
北京孔庙和国子监博物馆，皇榜起首。图为同治七年（1868）戊辰科会试皇榜。策试指科举制下试士之对策，源于汉代博士弟子之策试。大凡以政事、经义发问，使试士条对。唐代进士考试即试时务策五道，考应举者对当时政治现状的看法和处理办法。所以策试又称"对策"或"策问"。

种方法来寻求贤才，怎么能行呢？！

从1898年的《师伏堂日记》可见，皮锡瑞对各地的八股取士改革十分关心，对清政府的科举改革抱热切期望。然而，随着戊戌变法的失败，1900年，八股取士方法又在全国恢复，皮锡瑞为此十分痛心，他把八股文、鸦片、裹小脚视为中国的三大害。

皮锡瑞不仅对自朝廷到地方的科举改革与教育改革十分关心，而且在经训书院推行了教育改革。他反对用八股文对书院学生进行考试，曾嘱咐欧阳中鹄宁可以"四书"为题作论文，也不要出八股文，但是后来考试依然用八股文。或许试卷并非出自欧阳中鹄之手，但皮锡瑞因此当面指责欧阳中鹄为小人，二人本为至交，他因对八股的不满而不惜对老友反目。

皮锡瑞十分关注当时各校的教育改革。他看到武汉西湖书院学生众多，重视时务教育，便大加赞赏。他听说王先谦在长沙岳麓书院不用八股文教学，改教经史、算学和方言，称赞王先谦为识时务者。皮锡瑞对梁启超在《变法通义》一文中提出的改革科举考试，兴办新式学堂的主张十分赞同，还多次到梁启超任总教习的时务学堂听讲，认为梁氏不讲八股文，直接从经典大义到时势政治的讲法，才是真正的教育。

皮锡瑞长期担任新式学校的教员。1902年4月，县令苏宣烈聘请皮锡瑞创办善化小学堂。皮锡瑞曾撰写《蒙学歌诀》一卷，包括经学、理学、诸子和史学等内容，以此作为小学教科书。1903年至1906年，皮锡瑞任湖南高等学堂讲席、监督，任师范馆（师范学堂、中路师范学堂）伦理、经史教员。此外，还担任过善化小学堂监督、长沙府中学堂讲席。

同时，他还为新式学校的改革与管理献计献策。1907年4月，湖南商议改省城拔贡院为湖南优级师范学堂，学使吴庆坻刊发《议设优级师范学堂章程》，让各方发表意见。皮锡瑞立即写信给吴庆坻，讲述了设立优级师范学堂的必要性，认为它既是国家培养高级人才的需要，也是学生进一步深造的需要。同时指出，设立优等师范学堂的困难有经费难筹、学生难选、名师难寻等方面。总之，办优级师范学堂是当务之急，开始规模不能太大，学生不能太多，费用须到位，宗旨不必太新，需要精心组织，务求实效。

1907年5月，鉴于当时兴办学堂的现状，针对学部所拟学堂章程，皮锡瑞撰写了《应诏陈言，谨拟增订学堂章程六条折》，提出了增订学堂章程的六条意见，分别是学科太多、缺乏统一教材、经学未受重视、修身伦理应并入经学、对学生毕业的奖励应放宽、应颁发学堂纪律等。

小知识◎八股文

八股文也称"时文"、"制艺"、"制义"、"八比文"、"四书文",是中国明、清两朝考试制度所规定的一种特殊文体。八股文每篇文章均按一定的格式、字数,由破题、承题、起讲、入手、起股、中股、后股、束股八部分组成。"破题"是用两句话将题目的意义破开,"承题"是承接破题的意义而说明之,"起讲"为议论的开始,"入手"为起讲后入手之处。"起股"、"中股"、"后股"、"束股"才是正式议论,以"中股"为全篇重心。在这四股中,每股又都有两股排比对偶的文字,合共八股,故名八股文。

◎湖南高等学堂

湖南高等学堂是清朝末年于湖南开办的学堂。光绪二十七年(1901),清廷下诏全国教育改制,废书院,兴学堂,全国许多书院因此被改制为现代学堂。在这波大潮中,岳麓书院于1903年被改制成湖南高等学堂。1911年停办。

◎师范馆

1903年,为了废除科举,兴办学校,湖南巡抚赵尔巽批准建立湖南师范馆。师范馆初址租于黄泥街余宅,1903年

11月迁往妙高峰的城南书院,合并为湖南全省师范学堂。1904年,赵尔巽经奏准,将学堂分为湖南中路师范学堂、湖南西路师范学堂、湖南南路师范学堂。中路师范学堂设于长沙,以妙高峰原址为依托组建,招收长沙、宝庆、岳州三府学生。

6. 清末今文经学的集大成者

皮锡瑞以经学研究著称于世。据《皮鹿门年谱》记载，皮锡瑞于光绪五年三十岁时开始研究经学。实际上早在1874年，他朝考失意时，便有对辞章之学的悔意，想转而治经学。虽如此，但他第一部经学研究著作《尚书大传笺》（后改名为《尚书大传疏证》）开始写作于1887年。此书历时十年才写成，是其最具代表性的著作。

自中年主讲江西经训书院以后，皮锡瑞便专治经学，著述甚丰，主要有四类：一是《尚书》学研究著作，有《尚书大传疏证》、《今文尚书考证》、《尚书中候疏证》、《古文尚书冤词平议》等；二是郑学研究相关著作，有《孝经郑注疏》、《郑志疏证》（附《郑记考证》、《答临孝存周礼难》）、《圣证论补评》、《六艺论疏证》、《鲁礼禘祫义疏证》、《驳五经异义疏证》、《发墨守箴膏肓释废疾疏证》等；三是经学普及性著作，有《经学历史》和《经学通论》等经学课本，为经学入门书籍；四是日记与诗文，有《师伏堂诗草》、《师伏堂咏史》、《师伏堂骈文》、《师伏堂日记》等。

可以说，自二十多岁开始，皮锡瑞便开始关注经学，也就是从久困科场时开始,此后无论是参加科举考试、龙潭或经训书院讲学、南学会讲学还是晚年推动教育改革时期,他的工作重心始终都是潜心研究经学,终成中国"公羊家最后的学者",清末今文经学的集大成者。

二 皮锡瑞与西学东渐下的近代中国社会思潮

皮锡瑞所处的晚清社会，已从康乾盛世进入了危机重重的衰世，清王朝的声威已被不列颠的枪炮一扫而尽。中国人正从天朝上国的迷梦中缓慢苏醒。为挽救民族危亡，实现国家富强，先进的中国人不断向西方寻找救国的真理，逐渐形成了各种社会思潮，主要有洋务思潮、维新思潮、革命思潮。与这些进步思潮相对立的，便是顽固派的保守思想。

皮锡瑞生活的时代正值西学东渐影响下，中国社会各种思潮兴起的时期，由于从小立志济世，试图为挽救社会危机做贡献，因此他对各种社会思潮都广泛关注，并与其中一些代表人物往来密切，对他们的思想多有评价与借鉴。

1. 与维新派交往密切

在众多社会思潮中，皮锡瑞接触最多、受影响最深的是维新思潮。从1894年甲午战争到《马关条约》的签订，中华民族的危机步步加深，到了生死存亡的关头，救亡图存成为举国上下的呼声。维新思潮应运而生，主要代表人物有康有为、梁启超、谭嗣同等。他们以救亡为己任，除向皇帝上书呈请变法外，还创办报刊，办学堂学会，大造维新舆论。

皮锡瑞生活的湖南长沙是维新人士活动的一个中心。陈宝箴于1895年出任湖南巡抚，与按察使黄遵宪、学政江标等办新政，开办时务学堂，聘梁启超为总教习；设立《湘报》馆，聘熊希龄、谭嗣同、梁启超、唐才常为董事。《湘报》是皮锡瑞了解维新与洋务思潮的重要信息来源。在此期间，皮锡瑞与梁启超、谭嗣同来往密切。

皮锡瑞多次到时务学堂听梁启超讲学，如1897年十二月《师伏堂日记》载："到学堂见卓如，略谈《春秋》，彼即升堂讲学。窃听数语，是说《孟子》中告子、子莫学术。学生执笔录记，加以发明。予谓后世有取士，无教士法，如此方是教。广东本有学堂，此特变其教旨耳。"

岳麓书院时务轩
时务轩是为纪念清末维新派创办的学校——时务学堂而筑的纪念性建筑

1898年正月,梁启超为请皮锡瑞主讲南学会,劝皮锡瑞道:"南学会将要开办,希望皮先生能留在南学会讲学。湖南士绅志同道合,这事一定能办成;而江西学术风气没有打开,靠先生一人之力,也是改变不了的。"此后,二人多次在时务学堂商谈南学会筹办事宜,纵谈时务和经史学。梁启超也曾到皮锡瑞家借经训书院课艺参考。

皮锡瑞与谭嗣同一起主讲南学会,交往十分密切。谭嗣同很有演讲天赋。在南学会,他先后做了《中国情形危急》、《论今日西学与中国古学》等演讲,热情宣传西方资产阶级的进化论和天赋人权论,猛烈抨击中国两千多年来的封建君主专制。谭嗣同的演讲,皮锡瑞都听过,如有一次讲治兵,皮锡瑞认为讲得十分切合实际。1898年三月初四和三月十五的《师伏堂日记》记载皮锡瑞与谭嗣同在一起谈及保湖南之计,一致认为求访人才、开通民智最为重要。

1898年七月二十八日,皮锡瑞听说谭嗣同、杨锐、林旭、刘光弟

谭嗣同故居（湖南浏阳）
谭嗣同故居有两处，一处是位于北京的原湖南浏阳会馆，另一处是位于浏阳的"大夫第"。谭嗣同在戊戌变法时曾住在浏阳会馆，自题为"莽苍苍斋"

等人被赏四品官衔、军机章京行走，在日记中写道："闻此好音，不禁有杜老'忽闻哀痛诏，又下圣明朝'之感。"八月十三日，他得知杨锐、刘光弟、林旭、谭嗣同、杨深秀、康广仁六人被逮捕，光绪皇帝被幽禁于瀛台，为此赋秋感诗："妖孛横侵白日阴，老蟾跳出照深林。汉家玉玺无完璧，唐代金轮有嗣音。虎鼠又成今日变，龙蛇方识古人心。黄尘碧海须臾事，多恐神州付陆沉。"对清政府内部顽固派当权贻误国事，导致国家在外敌入侵面前摇摇欲坠万分忧虑。

八月中旬，维新变法遇到极大阻力，维新人士面临生命危险。皮锡瑞十分担心谭嗣同的安危，甚至在八月十六日晚上梦见谭嗣同，在梦里还问他情况如何。八月十九日，听说谭嗣同等六君子已经遇害，作诗五首哀悼谭嗣同，其中一首为："同归首未白，相见眼常青。访我来南学，看君上大廷。枫林忽魂梦，天道有神灵。一自沉冤后，朝朝风雨冥。"感叹春天还与谭嗣同一起在南学会讲学，时隔半年，谭嗣同却已经为维新变法做了冤魂，惋惜之情表露无遗。

皮锡瑞广泛阅读维新人士的著作。1894年4月，皮锡瑞得到康有为的《新学伪经考》，他认为康有为站在今文经学的立场上反对古文经学，与他自己的立场是一致的。1897年10月，皮锡瑞从《时务报》上读到梁启超的《变法通议》，对其中变科举、兴学堂等主张十分赞同，认为这些正是变法的关键，"可谓探源之论"。皮锡瑞还经常在《湘报》上读到谭嗣同的文章，如谈治事的文章，认为其立论非常平正。1901年，他在《东亚报》上读到谭嗣同的《仁学》，认为是骇俗之文。

虽然皮锡瑞与维新人士接触密切，深入了解维新思潮，也积极推动维新运动，但他并没有简单地接受维新人士的观点。1897年四月十七日《师伏堂日记》载："康门之论，欲尽改今日之政，予谓先尽易天下之人，改政乃可行，否则新政与旧法相背，一滋守旧党之口

时务报
《时务报》是维新运动时期著名的维新派报纸。1896年8月9日在上海创刊。黄遵宪、汪康年、梁启超创办。1897年梁启超去湖南，仍遥领该刊。1898年8月8日停刊

实。"1898年京城的江西公车标出"皮门"一语,他不禁大喜,说:"今言维新变法,难出康学窠臼,除非不引经书,专讲史事,复汉唐之旧制,改宋明之陋风。此亭林、船山诸公屡屡言之,引申其说,犹可自立一帜。"显然,皮锡瑞认为以康有为为代表的维新派思想并非尽善尽美。

2. 与顽固派据理力争

晚清顽固派是指从19世纪60年代至20世纪初,清朝统治集团内部出现的坚守封建正统立场,反对社会变革和对传统文化的触动,与洋务派、维新派相对立的封建官僚集团。主要代表人物有倭仁、李鸿藻、徐桐、王先谦、叶德辉等,慈禧太后也可勉强归入顽固派。

顽固派是一批大多出身于封建贵族,从小饱读经书,通过科举走上仕途的封建官员。他们对中国传统文化顶礼膜拜,坚守夷夏之辨,反对"以夷变夏",认为西方文化只是富国之术,末艺而已,不足称道。他们严守祖宗之法,崇拜古圣先贤,认为中国传统文化尽善尽美。

皮锡瑞在南学会讲学遭到以叶德辉为代表的守旧势力的指责和攻击,两人经常面争变法是非。叶德辉对皮锡瑞先加以劝阻,让他不要去南学会讲学,劝阻不成,便以一个校经的职务相引诱。守旧势力甚至指使党徒哄闹南学会,还有人在南学会答问中故意问难,如《师伏堂日记》中多次提到有人写信反对讲学,语言尖酸刻薄,皮锡瑞称之为"邪魔作祟"。

叶德辉先后三次写信给皮锡瑞,反对他在南学会讲学。他在书信中反对皮锡瑞的主要观点有三：一是强调夷夏之防，反对皮锡瑞之子在《醒世歌》中提出的地球是圆形的，中国不在地球中央，世界各国对峙并立的观点。叶德辉认为，夷夏之分，不在地域上的区别，而是夷狄的教育内容不同于尧、舜、禹、汤、文、武、周公、孔子所传承下来的教育内容。地球虽是圆形的，但仍有东西之分，亚洲在地球的东南，中国在亚洲的中部。在人的肤色中，中国人是黄种人，按五行理论，黄色属土，土居中央，这表明中国人在天地开辟之初便处于中的位置。认为尧、舜、禹、汤、文、武、周公、孔子所传之教为圣教，其他都是异教。西方耶稣教即使在中国流传，也不过像佛教、道教一样，无法与孔门圣教争锋。二是反对科举改革，虽然八股文考试有不足，但改考策论，仍然流于空虚。三是反对讲学空谈。孔门圣教的伟大在于关心实际事务，而不务空谈。在国家危难之时，讲学应该关心实际政治的艰难，不能只是号召学生和徒众辩论，养成浮嚣的社会风气，讲学不但不能开民智，反而开民乱。

光绪帝成年亲政后，支持戊戌变法，尝试以康有为等人为首的维新派发起的改良运动，试图以此改变清朝祖制成法，但遭到慈禧太后等顽固派的反对。1898年9月21日，慈禧太后等人发动戊戌政变，将光绪帝幽禁于中南海瀛台，随即杀害参与维新变法的谭嗣同、林旭、杨锐、杨深秀、刘光第、康广仁等"戊戌六君子"，并通缉康有为和梁启超，罢免维新官员。戊戌变法彻底失败。

南学会作为维新派在湖南的重要活动场所之一，因戊戌变法的失败而遭解散。为此，皮锡瑞有秋感诗："神虬失水厄池中，猛虎毛间困毒虫。党锢人才尊狱吏，皇舆成败问天公。他时白马多冤鬼，异代元龟兆女戎。野老何心听时事，只愁雷响耳难聋。""神虬"应指年轻的光绪皇帝，他被困中南海；"女戎"应指慈禧太后，她垂帘听政，顽固保守。维新变法受到严重打击，谭嗣同等成为冤鬼，皮锡瑞对此结局十分沮丧，真想自己的耳朵被雷震聋，对世事不再关心。

皮锡瑞在主张废除科举，建设新式学堂过程中也遇到了顽固派的阻挠。反对科举改革的呼声，上自学政，下至生童，不绝于耳。1898年六月十五日，江西学使李绂藻竟然不遵从光绪皇帝关于改革科举的谕旨，不用策论，仍用八股文取士。皮锡瑞对此十分气愤，认为即使天下有人才，八股取士也是选拔不出来的，这种保守顽固之人盘踞中国，会加速国家的衰亡。

不但改革八股取士有阻力，建设新式学堂也遇到了障碍。1902年，皮锡瑞开始创办善化小学堂。1904年底，长沙圣公会宁鳌带人去善化小学堂，引诱学生闹课。作为学校监督的皮锡瑞一方面处理与宁鳌等人有往来的教师朱子陶，劝其辞职；另一方面处参与闹课的学生朱树常，对其严厉斥责。朱树常不思悔改，反而鼓动全校学生罢课。县令胡粤生派差役到学校管制，学生便向巡抚衙门控告县令带差役凌辱学生。最后，学务处对为首学生和县令都作出处分，事件才得以平息。办学三年竟是这样的结果，皮锡瑞十分伤心，甚至有不再从事教学的想法，但为了培养对国家的有用之才，他还一直坚持着。

小知识◎策论

策论指议论当前政治问题、向朝廷献策的文章。清末科举废八股文，用策论代替。其特点是以论点作为写作的中心。

3. 对洋务派心存敬意

洋务运动发生在19世纪60年代至90年代初。当时正值第二次鸦片战争后，西方列强从政治、经济和文化等方面加强对中国的侵略和扩张，中华民族与西方列强的矛盾日益尖锐。此时国内的太平天国起义和捻军起义成为清王朝的心腹之患。在外侮内患的夹困中，洋务官僚发起了学习西方先进技术的洋务运动，试图抵制西方侵略，实现国家富强。

最初人们把办理外交称洋务，后来又把采用外国先进设备、翻译和引进西方先进科学技术、修路、采矿、兴办新式学堂、派遣留学生、筹办海军海防等都称作洋务。1861年，清政府成立总理各国事务衙门，这是一个专门办理洋务的中央机构。

洋务思潮的代表人物主要是一些洋务官僚和积极改革的知识分子。洋务官僚主要代表有恭亲王奕䜣、曾国藩、李鸿章、左宗棠、张之洞等。开明地方知识分子代表有冯桂芬、马建忠、薛福成、郑观应、王韬等。洋务派的主要观点是：大力兴办洋务，坚持开放，师夷长技以制夷，工商立国以求富国，变更科举以求人才，即"中学为体，西学为用"。

洋务名臣曾国藩、左宗棠对皮锡瑞的思想影响很大。皮锡瑞在南学

总理各国事务衙门
总理各国事务衙门简称"总理衙门",是清政府为办洋务及外交事务而设立的中央机构,1861年由咸丰帝批准成立,1901年改为外务部

会第一次演讲中,着重阐明学会宗旨,希望通过讲学切磋,使湖南能够出现像曾国藩、左宗棠一样的伟人。1878年,左宗棠收复新疆。皮锡瑞认为,俄国仍然试图从北方侵吞我国土地,因此主张"屯田固边",希望国家组织人力在边疆地区进行开垦耕作,借此巩固边防。为此,皮锡瑞有诗云:"屯田伊吾古有术,玉门愿更坚金堤。"

皮锡瑞阅读了大量洋务派知识分子的著作。郑观应(1842~1921)曾担任洋务企业上海机器织布局会办,轮船招商局帮办、总办。1893年,郑观应写成《盛世危言》,该书以富强救国为主题,对经济、政治、军事、外交、文化等方面提出了一系列改革方案。1895年六月十日,皮锡瑞读《盛世危言》时指出,现在的局势,应该先清理内乱,严惩贿赂,加强对官吏的制度管理,实事求是,然后才可能变法自强。想要变法,必须先革除宋明以来在政治制度方面的陋习,但也不能完全照抄照搬西方的制度。

4. 与革命派势不两立

在皮锡瑞的晚年，社会上逐渐兴起了反清排满的民主革命思潮。革命派代表有孙中山、黄兴、陈天华、章太炎、邹容等人，他们宣传排满、光复、民主和共和，提出"驱除鞑虏，恢复中华"的口号，推翻清王朝的封建专制统治，建立民主共和制的中华民国。他们大都组织会党进行革命工作，并发动一系列的起义运动。

皮锡瑞反对排满与民主革命，是基于他的一贯主张——先求自强自立，再求排外。自强的关键是兴办教育，开启民智。排满与革命属于年少气盛的过激行为，不如办学堂、兴团练切合实际。排满反清革命，不但不能救亡图存，反而会招致外国趁机瓜分中国。皮锡瑞1903年五月的日记中说到，俄国侵占东北三省，列强在云南活动也很猖獗，而当时革命党人在国内活动频繁。他十分担心列强趁革命党活动的乱局瓜分中国，为此"内心怦怦"。

他认为革命行为会影响社会安定，遗祸人民。1900年，唐才常领导自立军在长江沿岸地区发动反清武装起义，张之洞下令清军将其剿灭。自立军起义失败后，湖南大兴党祸，一批年轻的有志之士被捕杀。

湖北武昌洪山革命纪念堂及宝通寺古塔
宝通寺位于湖北省武汉市武昌洪山南麓。武昌洪山于南朝刘宋时已建有寺院，明成化二十一年（1485）更名为"宝通禅寺"。宝通禅寺是历代皇家寺院，殿宇亭楼，宏伟壮丽。辛亥年（1911）武昌起义时，革命军曾设司令部于该寺

皮锡瑞指责革命分子说，实在不知道他们的目的是什么，最终只能祸害国家。

1900年，皮锡瑞得知孙中山要来湖南，评论他为"又一秦也"，把孙中山与八国联军相提并论。1904年九月十六日，华兴会策划的长沙起义信息泄露。皮锡瑞在十八日的日记中写道，早晨到师范馆，师范馆同事都听说了华兴会一事，皮锡瑞告诫学生加强自我约束，不要被外界利用，以致破坏正常的教学秩序。他还听同事说，政府已点名逮捕相关人士，黄兴已经逃走了。皮锡瑞认为，黄兴是个很无聊的人，他1903年在湖北因为鼓吹反清革命，散发邹容所著《革命军》、陈天华所著《猛回头》等宣传品，遭湖广总督张之洞驱逐，现在又来组织

会党，何苦如此生是非呢！但愿他这次没有牵连其他人，尤其是学校学生。

　　对于当时各地的学界风潮，皮锡瑞也十分忧虑。1903年，日本的中国留学生很多都聚集到了东京，在东京中国留学生会馆举行新春茶会时，马君武、刘成禺等人发表反清革命演说："非除满族专制，恢复汉人主权，不足以救中国。"清政府下令捉拿发表排满革命言论的留学生。皮锡瑞听到这一消息，吓得连自己讲义中有关"新学"的内容也不敢讲了，恐生事端。这也不怪他胆子小，因为三年前在南学会讲学曾遭牵连党禁，使他心有余悸。

　　1904年秋，湖南各校相继发生风潮。皮锡瑞为之感叹道，现在正是列强疯狂瓜分中国之际，这个时候学生们都不能自己管好自己，将来必定要在外国的欺压下当亡国奴了，你们这些学生也明白这一点吗？其1906年十二月十七日的日记说，从报纸上看到，日本的中国留学生有五千人，都是孙中山、章太炎的同党，清政府已经禁止他们回国。从此留学生的名誉大减，或许不至于影响到国内学界。

三 清末今文经学的集大成者

皮锡瑞以经学研究著称于世。学者们一般将其经学研究分为三个阶段，即"初治《尚书》，中攻郑学，晚贯群经"。皮锡瑞三十岁左右开始经学研究，因敬仰西汉今文经学大师伏生，把自己的居室称为"师伏堂"。他的经学研究便从《尚书》切入，三十七岁开始写作《尚书大传笺》，后更名为《尚书大传疏证》，后有《尚书》研究著作多部。1895年，四十六岁的皮锡瑞开始了郑玄思想的研究，著作有《孝经郑注疏》、《郑志疏证》等。晚年著有《经学历史》和《经学通论》，这二书既是经学普及性著作，又是皮氏贯通群经的体现。实际上，皮锡瑞晚年还对"三礼"有深入研究，著作有《鲁礼禘祫义疏证》、《王制笺》等。

廖平楷书七言联

1. 中国第一部经学史著作——《经学历史》

章太炎对《经学历史》的批评

皮锡瑞的《经学历史》成书于1905年,1907年刊刻于湖南思贤书局。章太炎1910年在《国粹学报》发表《驳皮锡瑞三书》,批驳皮锡瑞所撰《王制笺》、《经学历史》、《春秋讲义》三书,他说:"《经学历史》,钞疏原委;顾妄以己意裁断,疑《易》、《礼》皆孔子所为,愚诬滋甚",为"牧竖所不足道"。

在章太炎看来,皮锡瑞认为孔子作《周易》、《礼记》,是愚蠢的诬妄之言,全凭主观臆断,不值得相信。章太炎以古文经学为武器,大倡排满革命。因此《经学历史》以反对革命、力主推行新政为导向,自然会遭到章太炎的批驳。章氏身为革命派领袖、学界泰斗,他的关注和批驳,折射出《经学历史》在当时学界的广泛影响。1928年,《经学历史》由著名经学史家周予同先生校注,由商务印书馆作为学生国学丛书出版,成为皮锡瑞著作中流传最广、影响最大的一部著作。

《经学历史》是经学入门必读书

《经学历史》是我国第一部系统而完整的经学史著。据周予同先生分析,在20世纪初,我国没有一部完整而系统的经学通史,只有性质相近的三类著作:一是以经师为中心的,例如江藩的《国朝汉学师承记》。二是以书籍为中心的,如朱彝尊的《经义考》。三是以典章制度为中心的,例如王国维的《五代两宋监本考》。这三类书大都是断代记载而不见经学整体趋势,重视个人成就而忽视时代整体表现,重视史料罗列而不能揭示典章制度在经学上的因果关系。

《经学历史》将整个经学从春秋时期开辟到清朝复盛的历史分为十个时期,论述每一时期经学特点,对重要经学家、经典全面论述,既梳理了经学的发展趋势,又对经学发展的具体环节有细致分析,是一部完整的中国经学史,为经学研究者入门必读书。

《经学历史》将中国经学史分为十个时期

一为经学开辟时代,开始于孔子删定六经,也即春秋时期。虽然孔子之前没有经的名称,但是一些相关的观点已经存在了。孔子删定六经,目的是为了给后世确立教育理论,为后世树立准则。今文经学家主张有孔子而后有六经,孔子之前不能有所谓的经。古文经学家则认为孔子之前已有六经,经的称谓不是开始于孔子。主张孔子删定六经是皮锡瑞作为今文经学家的典型体现。

二为经学流传时代,主要发生在战国至汉初。孔子之后,儒学分化为八派。孟子、荀子传承孔子经学思想,以学问著称于当时。孔子所删定的称作经,孔子弟子对经所做的解释称作传,弟子辗转相授的称作说。

三为经学昌明时代,开始于汉武帝时,此时的经学最纯正。汉代人研究经学,重视家法与师法。遵循老师的说法称为师法,遵循一家之学的称为家法。两汉经学有今古文之分,今古文的区别,一为文字不同,今文为隶书,古文为籀书(又称大篆);二为经义解释不同。汉初通行文字为今文,汉朝设立五经十四博士都是今文。前汉今文学重视微言大义,后汉古文学重视章句训诂。汉学的特质在于精专而不在于广博,追求通经致用。

弟子侍立像

孔子三十岁时侯"设教于阙里",创办私学,招收学生,教之以礼、乐、射、御、书、数六艺。他以有教无类的原则招收门徒,打破了西周以来学在官府的传统。清代朱明绘《弟子侍立像》再现了孔子教学的风采

四为经学极盛时代,指自西汉元帝、成帝至东汉时期。汉代人崇尚经学,并能在生活实践中运用经学。皮锡瑞相信纬书和灾异之说,认为汉儒讲灾异是有验证的。灾异观念发源于《春秋》以天统君与《周易》的神道设教观念。《白虎通义》集今文学之大成。西汉经师解为"一经说至百余万言",从此经学走向烦琐支离,由盛转衰。

五为经学中衰时代,指汉朝灭亡,经学开始衰微。郑玄遍注群经,集汉学之大成。他兼采今古文,使今古文的区别不显,从此两汉家法便无从考证。郑学出而汉学衰,王肃出而郑学衰。皮锡瑞认为刘歆和王肃是经学的两大蠹虫。刘歆创立古文经学混淆了今文师法,王肃伪作孔子的书扰乱了郑玄学说。

六为经学分立时代,指南北朝时期,此时经学有"南学"和"北学"之分。北学推崇郑玄,南学推崇王弼、孔安国等。皮锡瑞认为南学崇

尚简约，多清谈；北学崇尚深芜，略显繁杂。北学比南学纯正。

七为经学统一时代，指从隋朝开始，直到宋朝初年。隋朝天下统一，经学也走向统一，北学为南学所并。唐太宗派孔颖达主持撰写《五经正义》，从唐至宋，科举考试都以此为定本。唐朝《开成石经》为保存经学资料做出了贡献。

八为经学变古时代，开始于宋仁宗时期，直至宋末。皮锡瑞认为，宋朝儒生好标新立异，改变了前人淳朴的学风。宋代人研究经学，务必反对汉代人的观点，有时甚至窜改事实来解释经典，显得过于武断。宋代人不相信注疏，甚至怀疑经典，所以出现了改经、删经的事情。

九为经学极衰时代，指元、明时期。皮锡瑞认为，王安石的《三经新义》开创了元代和明代经学标新立异的风气。宋学中朱熹是集大成者。宋元明三朝的经学，元朝不如宋朝，明朝不如元朝。明代《五经大全》只是抄袭前人已经写成的著作，使古文经学尽废，所以明朝为经学的极衰时期。

十为经学复盛时代，指清朝。清朝编纂修书的成绩超过前代。王夫之、顾炎武、黄宗羲等人潜心研究朱子学，开启了清朝汉学与宋学兼采的学风。清朝经师传承汉学有两方面，一为传承家法，二为守专门。传承家法则学问有本原，守专门则不会混淆庞杂。清朝经师的功绩体现在三方面，一为辑佚书，二为精校勘，三为通小学。清朝经学发展有三个阶段，第一阶段为汉宋兼采，第二阶段为专门汉学，第三阶段为西汉今文经学。《皇清经解》和《续皇清经解续编》对于清朝经学名家著作搜集得很全面。

开成石经

开成石经又称唐石经。始刻于文宗大和七年 (833)，开成二年 (837) 完成。原碑立于唐长安城务本坊的国子监内，宋时移至府学北墉，即今西安碑林

《经学历史》鲜明的今文经学立场

据经学史家周予同先生分析，中国经学有今文经学、古文经学和宋学三大派。今文经学以孔子为政治家，以六经为孔子致治之说，所以偏重微言大义，其特色为功利的，而其流弊为狂妄。古文经学以孔子为史学家，以六经为孔子整理古代史料之书，所以偏重于名物训诂，其特色为考证的，而其流弊为烦琐。宋学以孔子为哲学家，以六经为孔子载道的工具，所以偏重于心性理气，其特色为玄想的，而其流弊为空疏。

皮锡瑞的《经学历史》严守今文经学的立场，以今文经学为中国

经学的源头，以今文经学的兴衰来评价整个中国经学的兴衰。经学开始于孔子删定六经，孔子以前不能有所谓的经。他把孔子删定六经的微言大义视为万世的准则。西汉今文经学专门阐明微言大义，具有义理与训诂相结合的长处，所以昌明、纯正。东汉古文经学的章句训诂则流于烦琐，为经学衰落埋下祸根。皮锡瑞批评郑玄兼采今古文，混淆两汉家法，使一师一家的专门学问走向消亡。清朝经学的复盛，实际上主要是西汉今文经学的兴盛。

皮锡瑞把古文经学家刘歆和王肃视为两汉经学的蠹虫。他认为刘歆创立古文经学，混淆今文师法；王肃伪作孔子的著作，使郑玄学说走向衰微。这种批评是从今文经学理论上对刘、王二人的批判，尚可理解。但他甚至批评二人附党篡逆，这就有点近似于人身攻击了。他指出刘歆党同王莽篡夺东汉政权，对于汉王朝来说是不忠，对于其父刘、向来说是不孝。王肃把女儿嫁给司马昭，试图党同司马昭篡夺曹魏政权。这种附党篡逆的人是不足以通晓圣人的经典的。实际上，皮锡瑞论证刘、王二人附党篡逆，完全出于主观臆断，并无可靠证据，这一点可参阅钱穆《刘向刘歆父子年谱》和《魏书·王肃传》。

皮锡瑞极力贬低宋学。他认为，宋代人研究经学，务必反对汉代人的观点，流于武断。宋代人不相信注疏，通过改经、删经来论证自己的学说，只能是空衍义理，横发议论。这导致了经学的衰微。宋元明三代的学者研究《易经》，往往开篇便说先天后天，把其学说凌驾于孔子之上，所以不值得去看他们的书。宋儒以义理去裁断千年以前《尚书》的相关事实，只能是伪造历史。宋代人研究《春秋》，大多不遵从家法。奇怪的是，皮锡瑞对朱熹的不足多方辩护，并将其定为宋学的集大成者，对陆王心学一派却没有提及。

皮锡瑞的《经学历史》可以与刘师培的《经学教科书》进行对比

阅读。后者于1905年出版，略早于皮锡瑞的《经学历史》。刘师培按时代先后把经学分为两汉、三国至隋唐、宋元明、清代四个时期，论述了各个时期经学的特点及优劣得失。刘师培作为古文经学家，他的经学立场与皮锡瑞大相径庭。

小知识◎《白虎通义》

　　《白虎通义》又名《白虎通》、《白虎通德论》，东汉班固等编撰。东汉初年，今古文经学的门户之见日益加深，各派对儒家经典的解说不一，章句歧异。建初四年（79），汉章帝亲自主持会议，召集各地著名儒生如魏应、淳于恭、贾逵、班固等于洛阳白虎观，讨论五经异同，这就是著名的白虎观会议。讨论结果，便是由班固等纂辑而成的《白虎通义》。白虎观会议，一定程度上弥合了经学今古文之争。

2. 皮锡瑞的《易经》研究

皮锡瑞的《易经》研究成果主要有三：一是《经学通论》中的《易经》通论，共有命题三十条；二是《经学历史》中贯穿了一些与《易经》相关的内容；三是《汉碑引经考》卷一对汉碑引《易经》的考订。此外，据《清皮鹿门先生锡瑞年谱》记载，1900年2月，皮锡瑞研究《易经》，注解西汉焦延寿的《易林》，写成《易林证文》，并送给好友王先谦审阅校订。此书至今没有出版，仅存手抄本一卷。

《易经》与维新

皮锡瑞首先分析了《易经》书名的内涵。郑玄认为《易经》中"易"字有三层含义，即简易、变易和不易。皮锡瑞赞同郑玄的说法，并在其基础上认为在时代发展过程中，变革即变易，不可变革即不易。董仲舒的《举贤良对策》虽然提出"道之大原出于天，天不变，道亦不变"，讲了不变的一面，但他同时又指出"为政而不行，甚者必变而更化之，乃可理也"，这讲的便是变革的一面。在皮锡瑞看来，董仲舒的《举贤

焦延寿《焦氏易林注》书影

焦延寿，西汉梁人（今河南省商丘人），自称学《周易》于孟喜，其学生京房也认为"延寿易即孟氏学"。焦氏的易学著作有《易林》、《易林变占》

良对策》分明是在讲变法的。虽然道不能变，但法是完全可以变的。皮锡瑞的言外之意是，清朝社会正处在政令不行的时候，应该变法了。这便是通过对《易经》的分析，阐发自己的变法思想。

《易》历三圣——伏羲、文王、孔子

伏羲画八卦的目的是什么呢？唐朝孔颖达的《周易正义》解释为"继天地、理人伦而明王道"，也就是秉承天地的旨意，理清人伦关系，彰明圣王之道。自从伏羲画八卦，人间道德关系便确定下来，夫妇、父子、君臣关系便一一定位。在皮锡瑞看来，伏羲作《易》垂教，首要的作用便在于强调君与民的区别，因此讲改革时弊不可去掉君臣上下之分。

皮锡瑞认为重叠八卦而成六十四卦的是文王。司马迁在《史记》中指出，周文王被商纣王囚禁在羑里（今河南汤阴），此时他重叠八卦为六十四卦。皮锡瑞对主张重叠八卦者为伏羲、神农或夏禹的各种观点进行了一一驳斥。

《易经》在夏商周三代分别为《连山》、《归藏》和《周易》。郑玄解释道："《连山》象征山上的云气，连连不绝缘；《归藏》说明万物都收藏于其中；《周易》说明《易经》的道理普遍，无所不包。"皮锡瑞认为，夏商周三代的《易经》之名正如郑玄解释，都有一定的意义，而不仅仅是一个代号。孔子以前，《周易》与《连山》、《归藏》并称。《周易》因为孔子作传而成为经，《连山》与《归藏》没有得到孔子作传而逐渐消亡。孔子阐明《易经》中的道理，并把它用来解释人生，于是《易经》的道理被彰显出来。孔子以《诗》、《书》、《礼》、《乐》四门课程教授学生，《易经》与《春秋》只传给水平较高的弟子，因此士大夫尤其推崇《易经》的思想。

《卦辞》与《爻辞》都是孔子所创作。《易经》本来是讲卜筮的。在伏羲和文王时，《易经》只有占卦的方法，而没有解释的文字。孔子

周文王

周文王，姓姬名昌，西周奠基人。季历死后由他继承西伯侯之位，在位50年。商纣时为西伯侯，建国于岐山之下，积善行仁，政化大行，因崇侯虎向纣王进谗言，而被囚于羑里，后得释归

加上《卦辞》和《爻辞》，纯粹从义理角度解释《易经》，正合伏羲和文王的本意。皮锡瑞认为，主张《爻辞》为文王所作的只有郑玄，认为是周公所作的有郑众、贾逵、马融，这些都是东汉古文经学家的观点，属于异端思想。西汉今文经学家的观点完全不是这样。司马迁、扬雄、班固、王充只是说文王重叠八卦为六十四卦，没有说他创作了《卦辞》和《爻辞》，所以《卦辞》和《爻辞》应当是孔子所创作。认为是孔子所作，正好符合易道的完成经

孔子读《易》图
相传孔子晚年喜欢读《易》。《史记·孔子世家》记载"孔子晚而喜《易》"以至于"韦编三绝"

历了伏羲、文王、孔子三位圣人的说法。但是,皮锡瑞没有提出可靠的证据说明孔子创作了《卦辞》和《爻辞》。

皮锡瑞认为,凡是孔子所作的都称为经,孔子弟子所作的称作传。至于《易传》,也就是我们常说的《十翼》,皮锡瑞没有考证出其作者是谁。他倾向于认为,《卦辞》、《爻辞》是孔子所作,《彖》、《象》、《文言》也是孔子所作。而《彖》、《象》、《文言》正是解释《卦辞》和《爻辞》的,因此孔子是自作而自解。

义理派为正传、象数派为别传

皮锡瑞认为,义理派才是《易经》的正传。贾谊、董仲舒等汉朝初年的大儒解释《易经》,主要是从义理与人事的角度进行阐发,不讲阴阳术数方面的理论。而京房以灾异讲《易经》,孟喜把六十四卦与四时、月令、气候等相配合来解释《易经》，郑玄把乾坤六爻与十二时辰相配合解释《易经》，都是别传。以阴阳灾变解释《易经》，开始于孟喜，成熟于京房，这是《易经》研究中重要的一派，与神道设教的宗旨吻合。

在皮锡瑞看来，汉儒讲谶纬，宋儒排斥谶纬而讲《河图》、《洛书》，而他们实际内容讲的都是阴阳五行。《汉书》指出，焦延寿与京房的易学托言继承于孟喜，实际上，焦、京二人的思想与孟喜有区别。虞翻讲"消息"、"旁通"等卦变理论，与孟喜易学也有区别。从虞翻引用《周易参同契》日月为易等观点看，他的易学思想与道家思想有一定的渊源。

汉朝设立的《易经》博士有四家，分别是施、孟、梁丘、京氏，他们都是今文易学家。但后来流传下来的却是费直的古文易学。皮锡瑞认为，费直的易学不知传承自何人，只能确定其思想应出现在孟喜、京房之后，在汉成帝、哀帝年间。马融、郑玄、荀爽、王弼传承的都是费直的古文易学。

郑玄对"三礼"很精通，他用《礼记》的思想来证明《易经》内涵广大，无所不包。晋朝以后，郑玄易学立于学官，也就是作为国家最高学府的教学内容。南北朝时期，郑玄易学与王弼易学并行。唐朝孔颖达编撰《五经正义》，采用的是王弼易学，从此郑玄易学思想便走向衰亡。宋代以来，王应麟、惠栋、丁杰等整理了郑玄易学的辑佚本。

皮锡瑞认为，王弼解释《易经》，不讲象数，只讲卦爻承应关系，这种讲法便来源于费直用《彖》、《象》、《系辞》、《文言》解释《易经》，也就是以《十翼》解释《易经》。王弼以清言解释《易经》义理，清扫了东汉末年《易学》博杂的风气，对于卦气、爻辰、飞伏、世应等术数类的解法，一概不采用。这是王弼的可取之处。但是，汉代以来的朴实解经风格，至此发生了很大变化。王弼易学中掺杂了道家学说，有脱离人事而掺杂玄虚的倾向，这是不可取的。

随着王弼易学的流行,汉学便走向了衰亡。汉初解释《易经》的著作没有流传下来,《易经》的占卦方法也随之失传。根据《史记》的记载,孔子传《易经》给商瞿,八传到杨何,源流十分清晰,而其他五经的相传,只提到了汉朝初年的学者。到清朝时,汉儒易学的余绪已很难寻找,倒不如《尚书》和《诗经》,还可以窥得其大概思想。据研究,掷钱占卦,是由数蓍草占卦演变而来,朱熹认为这种火珠林是汉代占卦方法的遗存。

程颐与朱熹的《易经》研究

皮锡瑞认为宋朝学者的《河图》、《洛书》思想来源于汉朝。汉朝时的《河图》、《洛书》便是谶纬。谶纬之书大多用图来标明,当时的书中一般都有图示。宋代的《河图》、《洛书》传承开始于陈抟,他根

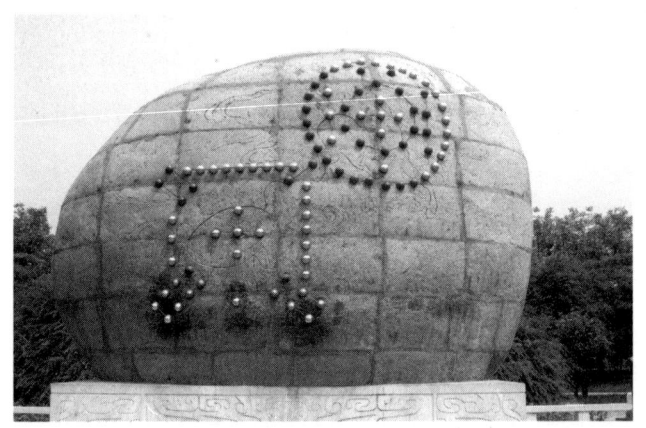

河图洛书
《河图》与《洛书》是中国古代流传下来的两幅神秘图案,历来被认为是河洛文化的滥觞。最早记录在《尚书》之中

据道家的图示创立了"太极"、"河图"、"洛书"、"先天"、"后天"等学说，宋代人讲易学都推崇他的学说。

程颐创作《伊川易传》，专讲义理，不讲象数。他推崇王弼，又没有掺杂老庄思想。因此皮锡瑞认为程颐的易学思想很纯正。

朱熹的《周易本义》是为了补充《伊川易传》。《周易本义》的卷首有《河图》、《洛书》、《伏羲八卦次序》、《伏羲八卦方位》、《伏羲六十四卦次序》、《伏羲六十四卦方位》、《文王八卦次序》、《文王八卦方位》、《卦变图》九幅图。朱熹又有《易学启蒙》阐发《河图》、《洛书》的相关理论。

皮锡瑞怀疑朱熹易学中的象数理论是后人掺入的，并不是朱熹本人思想。在他看来，古人讲的图就是今天所谓的画，图只有点画；书就是今天所讲的文字，书一定有文字。汉朝人的《河图》为八卦，《洛书》为《尚书·洪范》中的九畴。而宋朝所流传的《河图》、《洛书》都只有黑白点，不同于汉代人的。九图是《易经》中的别外，不是正宗的易学。皮锡瑞不相信先天图，认为陈抟传的《先天图》只是方士用来修炼的。

清代《易经》研究的专门与通博

清朝的《易经》研究学者中，皮锡瑞推崇张惠言为专门之学，焦循为通学。

张惠言著有《周易虞氏义》，还有《虞氏消息》、《虞氏易礼》、《易事》、《易言》、《易候》等。皮锡瑞认为，张惠言严格遵守家法，汉学中的专家之学，在他这儿尚存一线。因此，学习《易经》的专门之学，便要看张惠言的著作，从而了解汉朝《易经》的宗旨。

焦循通过十多年研究《易经》，悟得用假借法解释《易经》，认为

《周易虞氏义》书影
张惠言（1761～1802），字皋文，江苏武进（今江苏常州）人。他由惠栋易学契入，惠栋易学主要发扬虞翻的思想，兼采荀子和郑玄思想。张惠言专主虞氏，作《周易虞氏义》九卷

只有明白汉字六书中的假借与转注方法，才能知晓《象辞》、《爻辞》、《十翼》的内涵。在焦循看来，王弼易学虽然以个人观点解经，但是他用汉字六书中的通假来解释《易经》，没有偏离马融、郑玄太远，只是从表面上看来，给人以深奥简约的感觉。皮锡瑞认为焦循用假借法解释《易经》，具有独创性，值得后人学习，对王弼易学得失的评价也很公正。

小知识◎焦延寿

焦延寿，字赣，西汉梁国（今河南省商丘）人。曾从孟喜学习《易经》，传承了孟喜的易学思想，后来传授易学给京房。焦延寿擅长用灾变解释《易经》，《易经》研究中的占候派便由他开创。他撰写了《易林》十六卷，然而，根据近人余嘉锡

考证，《易林》并非焦延寿所撰，而是东汉易学家崔篆所作。

◎《十翼》

《十翼》即《易传》，是对《周易》的注释，共有十篇，因此又称《十翼》。翼是助的意思，有如鸟的翅膀，用来辅助阐明经的意思。《十翼》包括：一、彖上传（《周易》每卦有"彖辞"，《彖传》就是解释"彖辞"的话）；二、彖下传；三、象上传（又称"大象"）；四、象下传（又称"小象"）；五、系辞上传；六、系辞下传；七、文言传（文言是解释二卦经文的言语）；八、序卦传；九、说卦传；十、杂卦传。汉代以来学者多认为《十翼》是孔子所作，而现代学者大多否定此说。

◎贾谊

贾谊（前200～前168），汉族，洛阳（今河南洛阳东）人。西汉初年著名的政论家、文学家。其著作主要有散文和辞赋两类。散文有《过秦论》、《论积贮疏》、《陈政事疏》等，辞赋以《吊屈原赋》、《鹏鸟赋》最著名。

◎施雠和梁丘贺

施雠，字长卿，西汉经学家，沛（今江苏沛县东）人。大约生活于公元前100年至公元1年间，因汉宣帝甘露三年（前51）在石渠阁同诸儒辩论五经同异而闻名。施雠是今文易学施氏学派的开创者。孔子传《易》于商瞿，六世至齐人田何，田何传丁宽，丁宽传田王孙，田王孙传《易》于施雠、孟喜和梁丘贺。

梁丘贺，复姓梁丘，字长翁，琅邪诸（今山东诸城）人，师从于京房、田王孙学习《易经》，西汉时今文易学"梁丘学"之开创者。

◎焦循

焦循(1763～1820)，字理堂，江苏甘泉（今江都县）人，清代哲学家。博闻强记，于经史、历算、声韵、训诂之学都有研究。著有《里堂学算记》、《易章句》、《易通释》、《孟子正义》、《剧说》等。

3. 皮锡瑞的《尚书》研究

皮锡瑞以《尚书》研究著称于世。他积半生的功力,力辨《今文尚书》之价值,尤其重视发扬伏生的尚书学,力攻《古文尚书》之伪,攻《孔传古文尚书》的伪中之伪。他的《尚书》研究著作主要有《尚书大传疏证》、《尚书古文疏证辨正》、《史记引尚书考》、《古文尚书冤词平议》、《尚书古文考实》、《今文尚书考证》、《尚书中候疏证》等。

伏生《尚书大传》疏证

在《今文尚书》研究中,皮锡瑞认为较可信的资料首推伏生的《今文尚书》,其次是司马迁的《史记》,再次是《白虎通德论》,《白虎通》是今文经的总汇,保存了夏商周三代遗留下来的文章。其他如《汉书》和《后汉书》的《志》、《传》所引用的《尚书》,汉碑中引用的《尚书》也反映了汉代《今文尚书》的面貌。

伏生在秦始皇焚书时把《尚书》百篇藏在墙壁中,后来因兵乱而流亡。进入汉朝,天下安定,伏生寻找他所藏的《尚书》,少了数十篇,

伏生授经图

《伏生授经图》描绘的是汉初儒者伏生向汉朝宫廷派来的学者讲述《尚书》经文的情景。画面绘蕉林一隅,左边有二男一女,其中地上一耄耋之态的长者正在聚精会神地讲经,他就是伏生。对面伏坐于书案前,作着记录的大概是晁错

只有二十九篇，他便以此在齐国和鲁国附近教授生徒。

皮锡瑞对伏生《今文尚书》的篇数进行了考订，认为是二十九篇，而不是二十八篇。他认同《大誓答问》的做法，认为《顾命》、《康王之诰》是独立的两篇，不计算《大誓》与《书序》。对于《古文尚书》的篇数，皮锡瑞认同《尚书正义》的观点，为五十八篇，四十六卷。这与《汉书·艺文志》和刘向《别录》五十八篇的数目正相吻合。

《汉书·艺文志》和《论衡·正说篇》出现了《尚书》有一百篇的说法。皮锡瑞认为，《史记》只说伏生得二十九篇，亡佚数十篇，并没有说共有一百篇。汉朝博士认为二十九篇《尚书》很完整，不相信有百篇的说法。后人以为二十九篇《尚书》不完整，而加入一些文字，甚至改变篇章的次序，如《尚书》中有《尧典》而没有《舜典》，《逸周书》中则有《舜典》。《逸周书》中的《舜典》，是人们从《尧典》中分割出来的，并非独立的一篇，后人又增加字句，只是在伪书中再作伪。刘向认为《逸周书》是孔子删《尚书》所剩下的部分，但是《逸周书》文章很浅显，用词与《尚书》不相同，似乎是战国以后的人伪造的。《逸周书》不可以鱼目混珠。

《古文尚书》与《今文尚书》的不同

汉朝今文经学先出现，古文经学后出现，今文经学立于学官，古文经学没有立于学官。汉朝《易》、《尚书》、《诗》、《礼》、《春秋》五经立十四博士，《尚书》博士有欧阳和大小夏侯三家，都属于今文经学。

今文经学与古文经学的区别，一为文字的不同，二为译语的不同。所谓今文即隶书，例如熹平石经和孔庙前的汉代碑刻便是隶书。隶书是汉朝通行的文字。所谓古文即古籀，又称"籀书"、"大篆"，例如汉朝钟鼎上的铭文和石鼓文便是大篆。古籀在汉朝已不通行。皮锡瑞认为孔子写定六经用的都是古文。伏生用今文阅读孔子的书便成了今文，孔安国仍依古文读孔子的书便成了古文。所以今古文《尚书》在根本上是相同的，只是因译读的人而异，正所谓"本同末异"。

皮锡瑞研究指出，从汉朝到清朝，《尚书》研究发生了三次大的转变。第一次转变是东汉古文经学在刘歆、郑玄的注解宣传下，立于学官，今文经学衰落。第二次转变为东晋王肃托名孔安国伪造《古文尚书》，伪《古文尚书》盛行，郑玄学说衰落，《今文尚书》走向衰亡。第三次转变发生在宋代以来。宋代儒者用他们所禀持的"理"来臆断夏商周三代的史实，凡是古代的事件与他们的理相符合便认为是真的，不符合便认为是假的。直到清朝，儒者仍以臆断的空言改变自古相传的事实。这三次转变，一次次离伏生倡导的正宗尚书学越来越远。

皮锡瑞认为，卫宏、贾逵、马融、郑玄尊崇古文经学而贬抑今文经学原因有二：一为学术传播时间久了一定会发生变化。汉初《尚书》唯有欧阳立于学官，后来增立夏侯，再后来自大夏侯中又分现小夏侯，一直在发生变化。二为文字传久了一定会发生变化。伏生看的《尚书》是古文版本，但是他改用通俗易懂的今文口语传授生徒。当时没有雕版印刷技术，只能靠口头传授和用手抄写，流传中出现错讹是不可避免的。

皮锡瑞力赞《今文尚书》，力批《古文尚书》，有以下四点根据：

一为《古文尚书》版本不如《今文尚书》完善。如孔安国的伪《古文尚书》，传到庸生时，《尧典》的开篇便漏掉"帝曰"二字，在古文与今文并行的七百年间，古文版本《尚书》不如今文版本完善。古文学者经常提到的，刘向以中古文校阅欧阳、大小夏侯三家经文，发现《今文尚书》脱字、异字很多。皮锡瑞认同龚自珍的《说中古文》中对中古文的质疑，认为中古文是不存在的，是刘歆假托的。

龚自珍画像

龚自珍（1792～1841），字瑟人，号定盦，浙江仁和（今杭州）人，清末思想家。道光进士，曾任内阁中书、礼部主事。他支援林则徐禁烟，建议加强战备。辑有《龚自珍全集》

二为《古文尚书》传承不明确。今文有师说，师徒传承关系十分明确。古文无师说，师徒传承关系不明，以至于各自为说，观点不统一，且都言说无据。而汉朝立五经博士需要有师承来源，重视家法，所以设立博士的只有今文学了。如孔安国的《古文尚书》，只有经典文本，而没有师徒传承的证据，所以其后人孔霸研究《尚书》，还要向夏侯胜学习。

三为《古文尚书》混乱制度。今文家研究《尚书》中的《唐书》、《虞书》，便以夏朝、商朝的制度来解释，这种解释是明白合理的。而古文家解释《尚书》，过于追求创新性观点，来与今文家相区别。但古文家的创新，大都来自于《周官》一书。皮锡瑞认为《周官》并非周公所作，刘歆以及马融、郑玄等古文家用《周官》解释《尚书》，使《尚书》的制度大乱。例如解释"尧命羲、和，钦若昊天，历象日月星辰，敬授人时，又分命四子"，根据《史记》和《汉书》等的解释，羲氏与和氏即羲仲、羲叔、和仲、和叔四人，也就是四子，四人专门掌管天文。郑玄用《周官》中的六卿来解释，认为羲和还掌管四岳，与夏商的制度不符。夏商应是以羲、和掌管天文，方岳主管四岳，九官治理民事，各分其职。

四为《古文尚书》混乱史实。两汉今文学严格遵守师说，伏生《大传》与司马迁的《史记》，观点差异不大。而东汉古文学，开始出现不同观点。古文学所改的制度，大多来源于《周官》，而他们所改的历史，就不知从何而来了。古文学大都杂采各家学说，完全依自己的思想来判断取舍，这种做法，不仅使夏商周三代的制度混乱，而且三代的历史事实也变得混乱不清。皮锡瑞列举了十件古文学混乱历史的事例，例如，《尧典》中的"乃命羲、和"专门管理天文，"帝曰，畴咨若时登庸"，这本来是两件事，一讲任命羲、和掌管天文，一讲谁能顺应上帝登帝位，而郑玄认为两句讲的是一件事，解释为"尧任命羲、和为六卿，羲、和死后，驩兜和共工等代替他们的职位"。以羲、和为六卿，以登庸为代替，这显然混乱了夏商的史实。

《古文尚书》辨伪

皮锡瑞力证《古文尚书》是伪作，不仅对梅赜的《孔传古文尚书》力攻其伪，对马融、郑玄的《古文尚书》也力证其有作伪痕迹。他指出，《尚书》各版本中出现的伪书很多，原因有两方面：一是秦始皇焚书，《尚书》遭毁最为严重。《易经》作为卜筮之书幸免于难，《诗经》与《春秋》主要通过人们口头传授而没有受害。《礼记》本来就不全，唯《尚书》受损最严重。二是由于后人擅造文字，所以《尚书》的文字造伪很严重。

汉朝《古文尚书》有三个版本：一为孔子壁书，即孔安国在孔子房子墙壁中发现的《古文尚书》，有45篇，孔安国把它献给朝廷。二为张霸之《百两》。山东东莱的张霸，将今文二十九篇拆分为数十篇，又以《春秋左氏传》中的《书叙》作为首尾，共一百零二篇。汉成帝时，朝廷征集古文书籍，张霸以《百两》应征。后来人们用宫中所藏《古文尚书》校对，《百两》被证明是伪书。三为杜林之漆书。陕西扶风县的杜林得到了《古文尚书》，他的同乡贾逵为他的《古文尚书》作《训》，马融为其作《传》，郑玄对其有《注解》。从此，这本《古文尚书》便著称于世。皮锡瑞认为,孔安国和张霸所献的《古文尚书》都是伪书,杜林的《古文尚书》的真伪,尚无定论。

皮锡瑞认为马融、郑玄所传承的《古文尚书》不尽可信。他用熹平石经及两汉人引用《尚书》的文字与马融、郑玄的《古文尚书》作对比,发现汉朝所传的《今文尚书》文句艰涩,而马融、郑玄的文句反而平易。例如《盘庚》中"器非求旧",熹平石经将"求"作"救","求"与"救"读音相近,但"求"字平易而"救"字艰涩。《洪范》中"鲧堙洪水",熹平石经将"堙"作"伊","堙"与"伊"读音相近,可假借,但"堙"字平易而"伊"字艰涩。

在皮锡瑞看来,《尚书》文义艰深,伏生把它改为今文传授生徒,但他保持了《尚书》的原貌。《尚书》中有不能解释的地方,不能勉强去附会解释,而应当存疑,如《大诰》、《康诰》、《酒诰》、《召诰》、《洛诰》、《盘庚》等篇,素以文字艰涩、难以解释著称。这里或有方言、或有错简,不可强为解释。汉代儒者解释经典,经文很明确、自信能解释的就用肯定的词语,无明文、无把握进行解释的地方就存疑。而司马迁则经常因解释的需要改变经典文字。马融、郑玄名义上传承的是《古文尚书》,但和《今文尚书》的差别很大,皮锡瑞怀疑他们也因解释的需要而改动了经典原意,做了过度解释。如《尧典》中的"羲和",郑玄的解释:"高辛氏之世,命重为南正司天,黎为火正司地。

孔安国

孔安国(约前156~前74),字子国,孔子后裔。他学《诗》于申培,学《尚书》于伏生,学识渊博,擅长经学。据传,汉鲁恭王刘余扩建宫室拆除孔子故宅,于壁中得《古文尚书》,安国为之作传,成为尚书古文学的开创者

尧育重黎之后，羲氏、和氏之子贤者，使掌旧职天地之官，亦纪于近，命以民事，其时官名盖曰稷、司徒。"以地官为司徒、以天官为稷，并无明文，郑玄此处的解释有附会之嫌。

皮锡瑞对《古文尚书》的批判，受到了阎若璩的影响。据《师伏堂日记》载，1892年六月十七日，皮锡瑞读阎若璩的《古文尚书疏证》，认为他生于清朝初年，受当时流行宋学的影响，便以宋儒的观点来驳斥《孔传古文尚书》，并且驳斥两汉古义。在皮锡瑞看来，阎若璩论证《孔传古文尚书》为伪是正确的，但他不相信《今文尚书》是真，依然没有找到尚书学的正宗。为此，皮锡瑞作《尚书古文疏证辨正》，对阎若璩的观点进行纠正。

《孔传古文尚书》辩伪

东晋时梅赜向元帝献《孔传古文尚书》，这部《尚书》假托为汉代孔安国在汉武帝时所献《尚书》，并且有序和注。皮锡瑞指出朱熹、蔡沈、吴澄都认为《今文尚书》语言古奥，应是上古之书无疑，而《孔传古文尚书》反而很平易，而且《孔传古文尚书》中有注对经文字句解释，所以其真实性十分可疑。

朱熹已怀疑《孔传古文尚书》是伪书，他只看了《孔丛子》等书而做出如此判断。皮锡瑞认同朱熹的观点。宋代王柏《书疑》对《孔传古文尚书·序》提出了两点质疑：一为《三坟》、《五典》被孔子删而不传，而《序》提到《三坟》讲大道，《五典》讲常道，分明是臆测之辞；二为孔壁之书都是科斗文字，而从夏商的鬴、鬲、盘匜等青铜器上的铭文看，都没有科斗形状的文字，科斗文久已失传，所以说孔壁之书是科斗文字是无稽之辞。皮锡瑞认为王柏怀疑《孔传古文尚书》是有道理的。

阎若璩作《尚书古文疏证》论证《古文尚书》是伪书，只是用他引用的宋代金履祥、邵雍、程颐等的观点来论证，而宋代人的观点存在以己意改变历史事实的问题。清代学者如江声、段玉裁、孙星衍、王引之都尊从郑玄尚书学，而贬抑孔安国的《古文尚书》，只有焦循、毛奇龄为之辩护。

焦循作《尚书孔子传补疏》，对《古文尚书》偏袒有加。毛奇龄作《古文尚书冤词》为《古文尚书》鸣冤，论据主要是《隋书·经籍志》，而《隋书·经籍志》作于唐朝初年，在《古文尚书》立于学官之后，它的信息是不可靠的。毛奇龄为了袒护《古文尚书》，甚至对《论语》引用《尚书》的四处语句，改其文字、变其句读，认为是孔子改变了《尚书》。他不怀疑《古文尚书》是伪作，而怪罪孔子改经，真是太过分了。为此，皮锡瑞作《古文尚书冤词平议》，站在伏生《今文尚书》的立场，对毛奇龄袒护《孔传古文尚书》的方法提出了质疑。

《孔传古文尚书》自宋朝以来一直流传不废。皮锡瑞总结其原因有四：一为宋儒的道统十六字心传"人心惟危，道心惟微，惟精惟一，允执厥中"出自《古文尚书·大禹谟》。二为作为性学之源的敬、仁、诚等观念最早出现在《古文尚书》中，《古文尚书》的理论性很强。三为《古文尚书》中的名言警句一直为人们所接受。四为《古文尚书》中的禹、谟、庛、诰、训各种文体对人民有重要的教育意义。皮锡瑞认为《孔传古文尚书》出现于魏晋，孔孟之学在当时已广泛传播。《孔传古文尚书》只是搜罗孔子故乡的一些文字撰写而成，借鉴了孔学，而不是孔学来源于《孔传古文尚书》。

皮锡瑞认为，《古文尚书》是伪作，虽然它言多近理，但也有不近理的地方。例如《古文尚书·大禹谟》中"舞干羽于两阶，七旬，有苗格"，意为人们挥舞着干盾和翳羽在宫廷前的台阶上跳舞，过了七十天，

战国竹简
在清华大学入藏的一批战国竹简中，专家们看到了失传两千多年的《尚书》真正原貌。事实证明，现今传世两千多年的《古文尚书》的确是伪书

南方的三苗部族便前来归顺。这句话为宋代人重文轻武、口不言兵提供了借口。

《孔传古文尚书》有的文字重复，如《太甲》的上、中、下之间，《说命》的上、中、下之间，文章内涵差不多，很多言辞浮泛。《孔传古文尚书》在《尧典》之外，还有一篇《舜典》，甚至在《舜典》篇首伪撰二十八个字"曰若稽古，帝舜曰重华，协于帝。浚哲文明，温恭允塞，玄德升闻，乃命以位"，来赞扬舜的圣德。皮锡瑞认为《孔传今文尚书·尧典》将尧舜二帝的内容放在一篇中，详略互见，正体现了孔子删《尚书》的原则，即只保留具有重要义理内涵的篇章，事情前文有记载的，后文便不再出现。而《今文尚书》二十九篇，则每一篇都有重要内容，而且言辞没有重复。《孔传古文尚书》文章内涵，甚至语句，都有一些相同的地方，如《太甲下》与《蔡仲之命》文句相同的地方就很多。《太甲下》云："惟天无亲，克敬惟亲；民罔常怀，怀于有仁……德惟治，否德乱。

与治同道，罔不兴；与乱同事，罔不亡。"《蔡仲之命》云："皇天无亲，惟德是辅；民心无常，惟惠之怀。为善不同，同归于治；为恶不同，同归于乱。"很显然，上述文句在内涵上重复了。《太甲下》云"慎终于始"，《蔡仲之命》云"慎厥初，惟厥终"，在皮锡瑞看来，这两种说法是雷同的。

清代学者的《尚书》研究超越前代

清朝初年提倡汉学，也正是许慎、郑玄的古文经学。直到孔广森专门研究《春秋公羊传》，今文经学才开始兴起。常州学派的崛起是清代今文经学真正复兴的标志，该派代表人物有庄存与、刘逢禄、宋翔凤。另外有龚自珍、魏源、凌曙、陈立、陈寿祺、陈乔枞等，都绍承绝学，

北京故宫中和殿，上悬"允执厥中"匾额
"人心惟危，道心惟微，惟精惟一，允执厥中"，这十六个字是宋儒的道统十六字心传，语出《古文尚书·大禹谟》

各有心得，著作丰富。

皮锡瑞认为，在《尚书》研究方面，刘逢禄的《书序述闻》继承庄氏之说，不补《舜典》，不相信《逸周书》，还算有卓识。魏源的《书古微》痛斥马融、郑玄的古学说，而提倡今文学，其思想来源于庄存与、刘逢禄，有一定见地。庄存与、刘逢禄、魏源论述经义太追求通畅，立论有些武断，这一点像宋代儒者以己意解经的做法，而不像汉代儒者解释经典，对于经典没有明确说明的地方就存疑，下断词十分严谨。

在皮锡瑞看来，清代人的《尚书》研究超越前代。江声的《尚书集注音疏》疏解全经，是清朝《尚书》研究的开拓性著作。王鸣盛《尚书后案》专门信从郑玄的学说，可以说是专家之书。段玉裁《古文尚书撰异》重视对今文和古文文字分析解释。孙星衍《尚书今古文注疏》对于今文和古文资料搜罗较完备，分析很明畅。刘逢禄《尚书今古文集解》、魏源《书古微》和陈乔枞《今文尚书经说考》都提倡今文经学。王先谦的《尚书孔传参正》兼疏今古文，详明精确，是一个较完善的本子。

小知识◎刘歆

刘歆，字子骏，西汉后期著名学者。他不仅在儒学上很有造诣，而且在目录校勘学、天文历法学、史学、诗学等方面都堪称大家。

◎秦始皇焚书

公元前213年，秦始皇采纳李斯的建议，下令焚烧《秦记》以外的列国史记,对不属于博士馆的私藏《诗》、《书》等也限期交出烧毁;有敢谈论《诗》、《书》者处死;以古非今者灭族;禁止私学,想学法令的人要以官吏为师。这便是"焚书"。

◎熹平石经

汉灵帝熹平四年(175),议郎蔡邕等奏求正定六经文字,得到灵帝许可。从熹平四年至光和六年,历时九年才制作完成,立于河南洛阳原太学门前,共四十六石碑,所刻经书有《周易》、《尚书》、《鲁诗》、《仪礼》、《春秋》、《公羊传》和《论

熹平石经
东汉熹平石经,洛阳偃师汉魏城南太学遗址出土,现藏于洛阳博物馆第二展厅

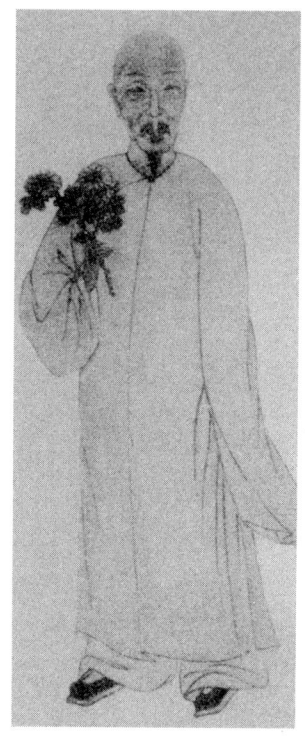

段玉裁

语》，残石分藏洛阳博物馆、西安碑林及北京图书馆。

◎段玉裁

段玉裁（1735～1815），字若膺，号懋堂，江苏金坛人，龚自珍外公。清代文字训诂学家、经学家，乾隆举人。曾师事戴震，研究文字训诂、音韵之学。著有《说文解字注》、《六书音均表》、《古文尚书撰异》、《毛诗故训传定本》、《经韵楼集》等，对我国音韵学、文字学、训诂学、校勘学诸方面做出了杰出贡献。

4. 皮锡瑞的《诗经》研究

皮锡瑞的《诗经》研究成果主要是《诗经》通论的三十七条观点。此外，《汉碑引经考》第三卷将汉碑对《诗经》的引用进行了考证。

孔子删《诗经》

皮锡瑞据《论语·子罕》"吾自卫反鲁，然后乐正，《雅》、《颂》各得其所"，认为孔子正乐之前，《雅》、《颂》次序错乱。而《春秋左氏传》记载季札观乐，当时十五个国家的《风》、《雅》、《颂》秩序有条不紊，此事在孔子正乐之前。皮锡瑞认为，《左传》所提到的诗的次序是当时的传家抄录的顺序，并非孔子之前诗的次序已确定下来。

汉初司马迁、王式都认为《诗经》有305篇，没有311篇的说法。《南陔》、《白华》、《华黍》、《由庚》、《崇丘》、《由仪》六首诗不在305篇之内，配合敲击钟镈以奏乐的《肆夏》、《韶夏》、《纳夏》也不在305篇之内。《诗经》有311篇的观点自郑玄开始提出，陆德明、孔颖达、成伯玙都说有311篇，与汉代初年的观点不符。

根据《汉书·艺文志》，《诗经》虽然经历了秦朝，却全诗都保存下来了，汉代所传承的三百篇就是孔子所说的诗三百，《诗经》很完备，后人不可以增删。沈朗添诗和王柏删诗，都不值得相信。

皮锡瑞认为，孔子删《诗》是去掉其中重复的部分，取有礼义教育意义的传于后世。305篇已经很难完全通晓其意思，不必去寻找305篇以外的逸诗。

《诗经》很难理解

通常经典越古老越可信，但是《诗经》却不是这样。齐诗和韩诗杂采众家之说，鲁诗的传承相对接近古代，但是哪家传的是正义，哪家传的是旁义，却无法确定。诗人为何作诗，引诗之人为何引诗，都难以知晓。

皮锡瑞认为，《诗经》比其他经典更难理解，原因有八方面：一为《诗经》用辞委婉，而不是直陈其意，有正义和旁义之分；二为齐、鲁、韩三家研究《诗经》同为今文学，但他们的传承不同，而今天三家的资料又失传，其思想难以追寻；三为毛亨所著的《毛诗故训传》很简略，没有对每个字都作解释，而后代儒者却追求详细的解释，因此臆测的观点很多；四为郑玄作《毛诗笺》以《毛诗故训传》为主要依据，其他则有的依据鲁、韩二家诗，有的还提出自己的新观点，杂糅今古，思想源流不明晰；五为《毛诗故训传》与《毛诗笺》并行于世，互争门户；六为汉学与宋学互争门户，今古难辩；七为《毛诗故训传》很简略，齐、鲁、韩三家思想又残缺难以收拾，三家诗的微言大义难以知晓；八为齐、鲁、韩三家诗的《序》不传，独《毛诗故训传·序》传世，而其作者又不知是谁。

汉代以后，经学以郑玄为正宗，解释《诗》也以郑玄的《毛诗笺》为主要参考；宋朝以后，经学以朱熹为正宗，解释《诗》都信从朱熹的《诗集传》。郑玄的《毛诗笺》以《毛诗故训传》为宗,偶尔也采用三家诗的观点。朱熹的《诗集传》不以毛诗为正宗,也偶尔采用三家诗的观点。皮锡瑞认为,郑玄的《毛诗笺》不足在于以"礼"解释《诗》,朱熹的《诗集传》不足在于以其所体验得到的理来解释《诗》。

《毛诗故训传》研究

齐、鲁、韩三家诗都已失传,只有《毛诗故训传》传世。人们多相信毛诗而怀疑三家诗。

皮锡瑞认为《毛诗故训传》不可信,其理由有六:一为《史记》只提到了三家诗,而没有提到《毛诗》,如果毛公为战国时人,著有《毛诗故训传》,司马迁没有理由不知道。二为《汉书·艺文志》论诗多根据刘歆《七略》,认为鲁诗最接近古诗之义,对《毛诗》有微词。三为《毛诗》的传承不明晰。四为毛公说自己的诗学传承于子夏,又有人说出自

《毛诗正义注疏选笺》书影

《毛诗正义》是《诗经》的研究著作,共40卷。唐贞观十六年(642),孔颖达、王德昭、齐威等奉唐太宗诏命作《五经正义》。《毛诗正义》出于王德昭、齐威等人之手,而孔颖达总其成。《毛诗正义》是对《毛传》及《郑笺》的疏解,合称《毛诗注疏》

荀子,而荀子《非十二子》评价子夏为贱儒。五为鲁诗传承于荀子有言,如果毛诗也传承于荀子,其区别应不大,但二者区别很大。六为是否有大小毛公,《毛诗故训传》作者是谁难以考证。

在皮锡瑞看来,《毛诗故训传》比不上齐、鲁、韩三家诗。皮锡瑞从典礼的角度进行论证:一为《韩诗外传》引用的诗中有"鼓钟乐之"之语,而在《毛诗故训传》中则为"钟鼓乐之"。"鼓钟"是击钟的意思,而"钟鼓"则是钟和鼓。依据古周礼,后妃房中的乐器只有钟而没有鼓,钟声清扬,适合于闺房中,而鼓音重浊,不适合于闺房中。所以《毛诗故训传》不合于古礼。二为《说文解字》引诗有"以晏父母",即让父母安心,应是三家诗的意思,而《毛诗故训传》为"归宁父母",即已嫁女子回娘家看望父母。依战国以前的古礼,诸侯女儿出嫁便不能回娘家,只有被夫家遗弃才会回到父母家。所以《毛诗故训传》讲"归宁"是不合于古礼的。三为《毛诗故训传》的篇次与《仪礼》以诗和歌的顺序不符,三家诗的顺序则正合《仪礼》。四为韩鲁两家诗认为,驺虞是为天子掌管鸟兽的官名,而《毛诗故训传》则认为驺虞是兽名,与古义不符。

《毛诗故训传》在《诗经》每篇的原文前都有一些序言性质的文字,世称《诗序》。皮锡瑞认为,《诗经》的《序》有今古文之分。齐、鲁、韩三家的是今文《诗序》,可以相信;《毛诗故训传》的为古文《诗序》,不可以全部相信。《毛诗序》说某首诗讽刺某位君王,实际上没有明文根据。朱熹对《毛诗序》提出了有力的质疑。关于《毛诗序》的作者,有人说是子夏,有人说是卫宏,实际上都没有明确的根据。皮锡瑞认为,既然三家诗都已经亡佚,那么《毛诗》便是关于诗的最古老的解释,《毛诗序》即使出自卫宏之手,也在郑玄之前,属于古义,不必争论作者到底是谁。

《韩诗外传研究》书影
《韩诗外传》十卷,汉韩婴著,该书选取古事古语同《诗经》相应证,与《诗经》本义没有多大关联,所以叫《外传》

三家诗与毛诗的异同比较

《诗经》的国次、世次、篇次,即诗的编排次序,一般以《毛诗故训传》为准。皮锡瑞对此提出了质疑,认为十五国国风的次序,应当以郑玄的《诗谱》为准。

《孟子·离娄下》:"王者之迹熄而《诗》亡,《诗》亡然后《春秋》作。"皮锡瑞认为,孟子所说的王迹,应当指车辙马迹,天子不视察四方,太师不以《诗》歌颂王者的事迹,那虽然有《诗》存在,但跟消亡也差不多了。《诗》亡与变风联系在一起。变风通常指《国风》中作于周王朝政治衰乱时期的作品。根据《毛诗故训传》,变风结束于陈灵;根据三家诗,则变风结束于卫献。虽然毛诗的观点传播很广,但不能全然相信。

《生民》:"履帝武敏歆,攸介攸止。载震载夙,载生载育,时维后稷。"《玄鸟》:"天命玄鸟,降而生商。"《长发》:"有娀方将,帝立子生商。"《閟宫》:"赫赫姜嫄,其德不回。上帝是依,无灾无害。弥月不迟,是生后稷。"这四首诗,今文学的齐鲁韩三家诗和《春秋公羊传》都主张,圣人是无父感天而生。而古文学的《毛诗故训传》和《春秋左氏传》都主张,圣人都是由父而生。皮锡瑞认同三家诗的观点,他还批评后世人们解经,通常以世俗的见解来看待古代的圣贤,用民间的事情揣摩古代的天子。

据薛汉《韩诗章句》,奚斯是鲁国的公子,《鲁颂》是奚斯所作。正考父是春秋时期宋国的大夫,孔子的先祖,作《商颂》十二篇。而《毛诗故训传》和郑玄《毛诗笺》都认为,《鲁颂》是史克所作,作于僖公去世以后。根据《史记·宋世家》记载,宋襄公是仁义之君,想成为诸侯盟会的领袖,他的大夫正考父为了赞美他的德行,所以追述契、汤、高宗殷让国家兴盛的事迹,从而创作了《商颂》。皮锡瑞认同三家诗的观点,不从《毛诗》。

根据郑玄《毛诗笺》和《诗谱》可知,声音之道与政治相通,治世的诗歌安顺和乐,政治平和通畅;乱世的诗歌怨恨愤怒,政治困顿贫穷。在皮锡瑞看来,郑玄表达的正是孔子删诗要表达的意思。

皮锡瑞认为,述而不作是孔子的谦辞,孔子删定的六经中有微言大义。三家诗没有传承下来,其观点散见于纬书中,例如《乐纬·动声仪》有"先鲁后殷,新周故宋",说明《诗经》的三颂《周颂》、《鲁颂》、《商颂》有三统之义,与《春秋》存三统的道理相通。

《关雎》研究

《诗经》的第一篇是《关雎》,有人说它是中国的第一首爱情诗。《诗

郑玄

郑玄，东汉末年的经学大师，他遍注儒家经典，以毕生精力整理古代文化遗产，使经学进入了一个"小统一时代"

经·周南·关雎》："关关雎鸠，在河之洲。窈窕淑女，君子好逑。参差荇菜，左右流之。窈窕淑女，寤寐求之。求之不得，寤寐思服。悠哉悠哉，辗转反侧。参差荇菜，左右采之。窈窕淑女，琴瑟友之。参差荇菜，左右芼之。窈窕淑女，钟鼓乐之。"

齐、鲁、韩三家都认为《关雎》是周康时的作品，诗人作《关雎》的目的在于讽刺康王晏朝。孔子删定《诗经》时，把《关雎》作为正风之首，这表明孔子没有把《关雎》看成讽刺时事的诗。皮锡瑞认为，《关雎》为正风之始，又为讽刺康王晏朝，这两种观点都是正义而不是旁义。

皮锡瑞认为，四始的内涵由孔子所规定，不是周朝初年出现的。司马迁《史记·孔子世家》："《关雎》之乱以为风始，《鹿鸣》为小雅始，《文王》为大雅始，《清庙》为颂始。""始"的内涵有两种，一说为风、小雅、大雅、颂四者的开始，一说为王道兴衰之所由始。《关雎》、《鹿鸣》、《文王》、《清庙》都是歌颂周文王的品德，给后世效法。《文王》、《清庙》是周公所作，《关雎》、《鹿鸣》出于周朝衰落时期，不是周公所作，周公没见过这两首诗。

《论语·八佾》曰："《关雎》乐而不淫，哀而不伤。"也就是说，《关雎》这首诗，快乐却没有放纵，悲哀却不至于过分悲伤。哀乐并言，很难理解。皮锡瑞认为，《关雎》是陈古刺今之诗。乐而不淫是陈述古代史实，即人君退朝，回到宫室与后妃相处，去留有度，可见人君远离女色，这是《关雎》的字面意义。哀而不伤是讽刺当时的政治，哀叹周道衰落而不哀伤，可见诗人作诗的良苦用心，这是诗人作诗的目的。《关雎》的正义为诗人求淑女以配君子，旁义是后妃求淑女以配君子，都不指定文王、太姒。魏源《诗古微·四始义例篇》认为，《关雎》是讽刺纣王而赞美文王的，显然不可信。

宋代学者范处义《逸斋诗补传》认为，《关雎》的作者是毕公，毕公是周康王的大臣，受帝王册封为太师，作诗以陈古刺今的是毕公，删诗而把《关雎》定为经首的是孔子。在毕公那里，《关雎》是刺诗；在孔子那里，《关雎》是正诗。刺诗与正诗并不矛盾。皮锡瑞十分认同范处义的观点。

诗教研究

皮锡瑞认为，在孔子时代，诗教广泛流行，所有的诗都能配合音乐歌唱。正如《史记·孔子世家》说："三百五篇孔子皆弦歌之，以求合《韶》、《武》、《雅》、《颂》之音。"只是到了唐宋以后，人们歌唱的都是当时流行的绝句、词、曲，诗逐渐演变为只是诗，而不能配合韵歌唱了。

诗教的根本特征是"温柔敦厚"，即不直接表达观点而委婉曲折地通过比兴表达，不直接说理而诉诸情感的宣泄。因此，从诗文的字面意思看，根本没有讽刺的意思，实质上却是讽刺诗。通过隐语陈述，既能感动他人，又不至于给自己招来祸害。屈原的《楚辞》把这种委婉曲折的表达运用得很好，唐诗和宋词也有这种遗风。

风诗虽然讲到了民间男女关系，其用词接近闺房，但并不是讲男女之事，而是言在此而意在彼。这正符合风人的作法。风人即古代采集民歌风俗等以观民风的官员。皮锡瑞在此赞同孟子的说法："解说诗的人，不要据于文字而误解词句，也不要拘于词句而误解原意。用自己切身的体会

弦歌台

弦歌台,又名厄台、绝粮祠,是纪念孔子当年厄于陈蔡绝日弦歌不止而建造的

去推测作者的本意,这就对了。"

小知识◎司马迁

司马迁,字子长,西汉夏阳(今陕西韩城南)人,中国古代伟大的史学家、思想家、文学家,被后人尊称为"史圣"。他最大的贡献是创作了中国第一部纪传体通史《史记》。《史记》记载了从上古传说中的黄帝时期,到汉武帝元狩元年(前122),长达3000多年的历史。司马迁以其"究天人之际,通古今之变,成一家之言"的史识完成的《史记》,成为中国历史上第一部纪传体通史,被鲁迅誉为"史家之绝唱,无韵之《离骚》"。

5. 皮锡瑞的"三礼"研究

皮锡瑞的礼学著作有《鲁礼禘祫义疏证》和《王制笺》，另有《经学通论》中的《三礼通论》51条。

"三礼"正名

皮锡瑞认为，汉朝的《礼经》与《礼记》不同于今天通常的说法。"三礼"的名称出现于汉朝末年，汉朝初年只称"礼"。汉朝所谓的《礼》即现在17篇的《仪礼》，当时不称为《仪礼》而称为《礼经》。汉朝将《礼经》与《记》合起来便称为《礼记》，不同于今天所讲的《礼记》即49篇的《小戴礼记》。又以《周官经》为《周礼》。《仪礼》、《小戴礼记》、《周礼》合称"三礼"的说法开始于郑玄。

郑玄对《仪礼》、《大戴礼记》、《小戴礼记》的区别很明确。戴德，字延君，西汉末礼学家，戴圣叔父，编《大戴礼记》85篇，世称大戴。《大戴礼记》后来亡佚46篇，现存39篇。戴圣，字次君，编《小戴礼记》49篇，世称小戴。《小戴礼记》便是今天通常讲的《礼记》。东汉末年，

孔子问礼于老子画像石（现藏于山东省博物馆）
《史记·老子韩非列传》、《礼记·曾子问》、《庄子·知北游》、《天道》、《天运》等古籍中均记载有"孔子问礼于老子"一事

郑玄为《小戴礼记》作了注解，《小戴礼记》逐渐成为《礼记》的流行本。晋朝陈邵认为，戴德删《古礼》248篇为85篇，称为《大戴礼》，戴圣删《大戴礼》为49篇，称为《小戴礼》。皮锡瑞认为陈邵的说法不可信。

皮锡瑞认为郑玄注解"三礼"，篇目次序很明确。《周礼》6篇次序依据六官的次序，即天官、地官、春官、夏官、秋官、冬官。《仪礼》17篇依据刘向的《别录》，排出了各篇的次序。《礼记》49篇也依据刘向《别录》排出了次序。根据郑玄所引用刘向的《别录》，已经有《月令》、《明堂位》、《乐记》三篇，并不是马融后来增加了这三篇。郑玄注解"三礼"很简洁，对圣人经典的功绩很大。

郑玄以《周礼》为经礼，《仪礼》为曲礼，这是不对的。皮锡瑞认为，经礼是礼的纲，曲礼是礼的目。《周礼》讲官制，不是专门讲礼，不能称为《仪礼》的纲，不能作为经礼。《仪礼》专门讲冠、昏、丧、祭、燕、射、朝、聘等主要的大的礼节,不能称为曲礼,《仪礼》才是经礼。朱熹认为,《仪礼》为经,《礼记》为传,皮锡瑞认同朱熹的观点。

汉朝设立十四博士,《礼》有大小戴。这里所讲的《礼》,是大小戴所传承于后仓的17篇《礼》,并不是85篇《大戴礼记》与49篇《小戴礼记》。后世人误以为大小戴《礼》便是大小戴《礼记》,并误以为《后仓曲台记》为今天所讲的《礼记》。

《仪礼》研究

17篇《礼经》是周公制礼作乐所遗留下来的,由孔子所编定。皮锡瑞根据《礼记·杂记下第二十一》指出,"因为恤由的丧事,鲁哀公派孺悲到孔子那里学习有关士的丧礼,士的丧礼于是得以记载下来",

周公庙

周公庙是纪念西周时期著名的政治家、军事家、思想家、古代洛阳的缔造者、中国儒家思想的奠基人周公姬旦的祠庙,亦称元圣庙。全国很多地方建有周公庙,其中以河南洛阳周公庙、陕西岐山县周公庙、山东曲阜周公庙最富盛名,并称中国三大周公庙。图为河南洛阳周公庙

他认为士丧礼出于孔子。皮锡瑞还从《仪礼·聘礼》篇末有思想来自《论语·乡党》，论证《礼经》为孔子所作。汉朝以17篇《礼经》立于官学，因为它是由孔子所确定下来的。

刘歆在《移太常博士书》中提到，鲁共王拆孔子家老房子时，得到古文《逸礼》39篇。由于39篇没有师说传承，所以后来亡佚了。因为39篇《逸礼》亡佚，所以有人认为17篇《礼经》是不完整的。宋代以来，国家甚至不以17篇《礼经》作为科举考试的教科书。皮锡瑞认为后世怀疑《仪礼》不完整是不对的。孔子删定"六经"务求变繁杂为简明，《礼经》就是17篇。研究经典务求简明有用，西汉末年古文学章句破碎，繁杂无用。

《老子》中说："夫礼者，忠信之薄，而乱之首。"老子认为，上古人民淳朴，本来没有礼乐仪制。皮锡瑞认为礼虽然繁复，但不能省掉，文明与野蛮的区别便在这里，人与禽兽的区别便在这里。他以婚姻六礼为例，纳采、问名、纳吉、纳征、请期、亲迎六种礼节不可少，才能合于父母之命、媒妁之言，否则就会变成钻穴相窥，踰墙相从。

礼具有调节情感，使人恢复本性的作用。《礼经》17篇与世道人心的关系十分密切。正如《汉书·礼乐志》曰："礼乐，所以通神明、立人伦、正情性、节万事者也。"汉代的儒者多讲礼仪，而宋代的儒者多讲义理。皮锡瑞认为，讲义理不如讲礼仪更行之有据。礼是人伦的极致，如果把推论作为解释礼的方法，一定会惋惜逸经亡佚，导致推论失去了根据。后代的儒者只讲义理，不讲礼仪，对礼讲知敬知哀。但是，他们一遇到国家大事，往往手足无措。

在皮锡瑞看来，古礼情义兼尽，即使不能完全恢复古礼，也不能废除古礼。如果专门讲情感则亲近有余而尊敬不足，如果专门讲道义则尊敬有余而亲情无从体现，古礼能做到情理并重。古礼在论父子、夫妇、长幼、朋友关系时，主张情重于义，以礼来调节情感；论君臣关系时，主张义重于情，以礼来表达感情。

  17篇《礼经》在古代称为《士礼》，其实，《礼经》讲的不全是士礼，纯粹讲士礼的只有《冠》、《昏》、《丧》、《相见》等，除此之外还有大夫、诸侯、天子相关的礼仪。古代冠、昏、丧、祭之礼，对于士以上不同身份的人，如天子、诸侯、大夫等，规格是不相同的。从礼的规格看，民间通行的礼仪小，国家的礼仪大。从礼施行的范围看，民间的礼仪使用的范围广泛，国家的礼仪使用的范围狭窄。

  韩愈提出读《仪礼》的三种方法：一为分节；二为释例；三为绘图。皮锡瑞认为，结合这三种方法读《仪礼》，就不再会觉得读《仪礼》太难，《仪礼》的分节可以看张尔岐的《仪礼郑注句读》，释例可以看凌廷堪的《礼经释例》，绘图可以看张惠言的《仪礼图》。

《周官》研究

  《周官》的名称最早见于《史记》。把《周官》改称《周礼》，开始于刘歆。自此以后，《周官》与《周礼》两个名称并行于世，如马融作《周官传》，郑玄作《周官注》，用的还是《周官》。

  《周官》的成书年代，皮锡瑞赞同何休的观点，认为是战国时期所作。周公只是制定了礼制，并将之实践于周朝，但他没有将礼创作成书。《周官》为后人对周公之礼的记录和总结，因此《周官》并不是周公所作，也不是刘歆的伪作。

  礼有今古文之分。从文字上看，戴圣所承的17篇《礼经》是用当时通行的今文书写的，郑玄以古文书写的《礼经》对之作了校注。郑玄对《礼经》的注中区分了今文和古文。从义理上看，《王制》为今文学的大宗，是孔子《春秋》所立新法，是古代君主治理天下的规章制度。《周礼》为古文学大宗，是周代旧法。后人对《周礼》尊之太过，认为是周公手定，对《王制》抑之太过，认为是汉朝博士所作。于是两汉今古文家法大乱。皮锡瑞认为《王制》一书体大物博，非汉代博士所能作，必出孔门无疑。

周公制礼极其慎重，犹豫了三年才敢制定礼，等到营建洛邑之后才颁行于天下。皮锡瑞认为，周公如此慎重制礼，后来一定施行了。战国时期人们总结周公之礼而作《周官》，带有战国的时代特点，后人见《周官》与周朝制度并不完全相符就认定周公并未制礼并实行礼，这种观点是不能成立的。

马端临在《文献通考》中提出，《周礼》太琐碎了，它可以施行于封建时代，而不能施行于郡县制时代。因为郡县制时代国家土地辽阔，官员更换很快。官员对所管理的地方不熟悉，政策措施要很长时间才能见效，在短时间内用烦琐的《周礼》，必然干扰人民的生活。皮锡瑞认为马端临的观点比较通达，但也不能抛弃古礼，可按王安石的说法，效法《周礼》的大意就可以了。

《小戴礼记》（简称《礼记》）研究

《礼记》是对《仪礼》的解释。《仪礼》是经，《礼记》是传。如《仪礼》有《冠礼》，《礼记》便有《冠义》；《仪礼》有《昏礼》，《礼记》便有《昏义》，像燕、射之礼，都是如此。

皮锡瑞认为，《礼记》49篇不是孔子亲手所定，而是经多人撰集而成，杂采成书，也不是专讲一件事。因此《礼记》的篇章不连贯。《礼记》对初学者来说很难理解，可以对其中的内容分类进行学习。今天研究

戴圣
戴圣，字次君，世称小戴，西汉人。今本《礼记》（即《小戴礼记》）为戴圣编

礼，应重视郑玄的《三礼注》和孔颖达的《礼记注疏》。

《周礼》出于山崖屋壁，五家之儒没有看见，其传承关系不明。《仪礼》传自高堂生，有五传弟子，其传承关系最明晰，被立于学官。《礼记》传自二戴，但他们的传承关系也不清楚。皮锡瑞根据三国时期张揖的说法，认为是叔孙通开始撰辑《礼记》。前人如陈寿祺也认为《礼记》的撰辑者是叔孙通，后来河间献王得到，刘向编排次序。

《礼记》中的《王制》、《月令》、《乐记》三篇，不是秦汉时期的作品。儒者们认为《王制》是汉代博士所作，《月令》是吕不韦所作，《乐记》出自河间献王的观点，都是不对的。皮锡瑞作《王制笺》，认为郑玄以《王制》在周赧王（？~前256）之后较合理，但是郑玄认为《周礼》出自周公，解释《王制》必引《周礼》为证，过分拘泥于家法，从而产生很多过失。皮锡瑞依据今文家说，从土地、封国、官制、征税、祀典、学制六方面列举了郑玄解释《王制》的失误。

《礼记》所说之义古今可以通行。研究礼应该礼节仪式与义理并重，因为礼节仪式经常变化，而义理是古今不变的。这就是《礼记》所讲的"礼时为大"的内涵。皮锡瑞认为，17篇《礼经》是孔子亲手所定，虽然后世不能全面施行，但领会其义理，变通地施行，古礼还是可以恢复的。后代用《礼记》取士，而不用《礼经》，实在有弃经用传的过失。

研究古礼，应对古代的宫室、衣服、饮食等有大致的了解。很多儒者由于不了解古今宫室、衣服、饮食等的区别，总怀疑古礼不近人情。如古代宫室与古代的学校设立关系密切，因为不了解古代宫室的设置，对学校之礼便很难理解。了解古代宫室、衣服，可以参考张惠言的《仪礼图》、任大椿的《弁服释例》。还可参考焦循的《习礼格》，在一张纸上画图演习古礼。

《礼记》不是一个人所撰，其中义理很精到，可以单独刊行。《大学》、《中庸》、《月令》、《儒行》、《深衣》等都在历史上有过单行本。皮锡瑞认为，《王制》为今文大宗，其中的思想可以用来治理天下，应该单独刊行。《礼运》篇说理很精妙，也应该单独刊行。

古礼与现代社会

"三礼"所记载的都是周朝的礼。孔子说，商朝继承夏朝的礼，周朝继承商朝的礼，都有一定损益。皮锡瑞认为，《礼记》所记载的，即使有一些夏朝和商朝的礼，但既然经过周朝的损益，便变成周朝的礼了。"三礼"中礼仪有差异与矛盾的地方，是由于年代久远、周礼渐渐发生变化、传承与记录不同所导致的，并不是同时记载了夏朝和商朝的礼，甚至夹杂了秦朝和汉朝的礼。

礼在社会发展中也在发生变化，追寻古礼的本来面目便是古礼研究的重要内容。郑玄为解汉朝礼家在禘与祫内涵上的聚讼而作《鲁礼禘祫义》，认为周礼保存在鲁国。王肃、赵匡发向郑玄发难，认为禘并不是在祖庙举行，祫仅仅是对始祖的祭祀。皮锡瑞依据《雅雨堂丛书》和《玉函山房辑佚书》所辑《鲁礼禘祫义》，兼采袁钧、黄奭之长，订证异文，疏通大义，而撰成《鲁礼禘祫义疏证》。

古人行礼有例行的规定。例如，九拜是古代祭祀时的九种礼拜形式，陈寿祺解释说："九拜都是针对祭祀的，稽首、顿首、空首是对天神、地祇、人鬼的祭祀典礼时用；振动、吉拜、凶拜是针对丧事祭祀时用的；

奇拜、褒拜、肃拜是礼的减省形式。"古人的拜礼很复杂，但只有严谨的礼才能使人产生敬畏心理，使人们的行为合乎规范，从而达到止乱的目的。

古人制礼来规范人民的行为，不以礼与时俗相和谐为原则，所以礼文的精义与世俗之情相差很远。古今制度不同，所以今人更难理解古礼。例如，古人不到坟墓前祭祀，而是到宗庙去祭祀。皮锡瑞认为，毛奇龄、阎若璩以为不到墓前祭祀不近人情，实际上是以今天的世俗之情怀疑古礼，这是不对的。

皮锡瑞研究指出，古礼最重视丧服。17篇《礼经》、49篇《小戴礼记》和《别录》都讲到了丧服。六朝时的儒者对丧服很精通，当时有人专门研究丧服，朝廷有相关的礼仪时，便请这些专家商议。如《梁书》记载了昭明太子请群臣商议给先王办丧礼的事情。

冠、婚、丧、祭等礼仪，古代民间是通行的，后来逐渐变得不能通行了。国家的礼仪，因为古今制度不同，更不能通行。皮锡瑞认为，国家的礼仪与古代不同的，可以作一定的变通，民间通行的礼仪最好规定出一定的规则。

古礼中争论较多的是明堂、辟雍、封禅问题。明堂是古代帝王宣明政教、举行大典的地方；辟雍是西周天子为教育贵族子弟设立的大学；封禅指古代帝王为祭拜天地而举行的活动。皮锡瑞认为，阮元的解释较合理。古人明堂、太庙、太学、灵台都是同一个地方，只是因事情的不同而名称各异。三代以后，太学都在城内，明堂建在郊外。封就是到南郊祭天，禅就是到北郊祭地。古代天子有到泰山刻石封禅、祭天地的做法，夏商周三代以来都是到郊外祭祀天地，无须到泰山刻石。《尚书·尧典》中"舜巡四岳"便是封禅之礼。

小知识◎鲁壁

秦始皇焚书时,孔子九代孙孔鲋将《论语》、《尚书》、《礼记》、《春秋》、《孝经》等儒家经书,藏于孔子故宅墙壁中。明代为纪念孔鲋保藏儒家经书的功绩而刻制鲁壁碑。

6. 皮锡瑞的《春秋》研究

皮锡瑞的《春秋》研究，主要有《经学通论》中论《春秋》的55条、《师伏堂春秋讲义》两卷，另有《汉碑引经考》第五卷对汉碑引用《春秋左氏传》、《春秋穀梁传》、《春秋公羊传》的经文进行了考证。

《春秋》的微言大义

"春秋"之名在孔子之前就有了，当时各国历史著作都叫《春秋》。孔子创作《春秋》，不是仅仅把前人历史抄录一遍，而是有增损改易。皮锡瑞认为，孔子所作的《春秋》是经典，而不是历史。史是根据历史事件直接描写，不作褒贬性评价，是非曲直蕴含在事实之中。经则必然通过对事件进行褒贬是非，从而为后世树立法制。

皮锡瑞相信《春秋》有微言大义。大义指诛讨乱贼以警戒后世，微言指改立法制以实现天下太平。孔子担心杀害君主、杀害父亲的事情发生，而作《春秋》，《春秋》作成后乱臣贼子很害怕，这是《春秋》的大义。书写历史、褒贬善恶，本来是天子的职权，孔子不得已而做了，

西狩获麟

《史记·孔子世家》载：鲁哀公十四年春，西狩大野，叔孙氏之车子鉏商获兽，以为不祥，仲尼视之曰"麟也"，取之。"西狩获麟"发生在周敬王庚申三十九年（春秋鲁哀公十四年），而孔子的《春秋》一书也恰恰在这一年脱稿，这时孔子已七十一岁，从此不再著书

这是《春秋》的微言。

在皮锡瑞看来，《春秋》之学，孟子之后，董仲舒的观点最纯粹。《史记·儒林传列》提到，董仲舒以研究《春秋》著名，传承公羊学说。董仲舒的《春秋繁露》是汉代解释《春秋》最早的著作，义理精微，准确阐明了《春秋》要义，不能把它看成是奇谈怪论。

论三科九旨

皮锡瑞认为，三科九旨是《春秋》公羊学的重要理论。东汉何休《春秋公羊文谥例》解释了三科九旨：新周、故宋、以《春秋》当新王，是一科三旨；所见异辞，所闻异辞，所传闻异辞是二科六旨；内其国而外诸夏，内诸夏而外夷狄是三科九旨。东汉宋衷《春秋纬注》也提到了三科九旨，三科指张三世、存三统、异外内，九旨指时、月、日、王、天王、天子、讥、贬、绝。

在皮锡瑞看来，何休的九旨在三科之内，宋衷的九旨在三科之外，实质上没有大的差异。董仲舒的《春秋繁露》中已蕴含了三科思想，《楚庄王》分析了三世，即所见六十一年、所闻八十五年、所传闻九十六年。《王道》提到了内其国而外诸夏，内诸夏而外夷狄的异内外思想。《三代改制质文》提到了新周、故宋、以《春秋》当新王的三统思想。

存三统是古代通行的礼制，古代的五帝三王是随时代而发生变化的。汉代以后，人们不再像古代那样以本朝为中心，追奉三王、五帝、九皇，而习惯了周代的礼制，以五帝三王为特定的名号。

张三世思想见于《春秋公羊传》。三世是孔子所见、所闻、所传闻的三世。所亲见之世有昭、定、哀，所听闻之世有文、宣、成、襄，所传闻之世有隐、桓、庄、闵、僖。《春秋》对于三世时代远近不同，恩情薄厚不同，自身感受深浅不同，因而书法不同，用辞不同。

异内外讲夷夏之防。何休《春秋公羊传解诂》指出，所传闻世以周的统治范围为内，周边华夏各族为外；所闻世以华夏各族为内，周边其他少数民族为外；所见世则夷狄也进至于爵，天下平等。据此，皮锡瑞认为，夷狄的称呼并不是一定的，《春秋》攘夷狄也不是绝对的。

论素王改制

《春秋》有素王改制思想，但是后人直接以孔子为素王是不对的。皮锡瑞认为，孔子不会自称素王，因为孔子作《春秋》是讨伐乱臣贼子，一定不会自己越位而自称王。左丘明也不会自称素臣，他要尊敬孔子，称弟子就可以了。以孔子为素王的观点,可能是《春秋左氏传》研究者为了宣传左丘明而窃取了《春秋公羊传》的素王说。

在皮锡瑞看来,孔子删定六经来教化后世,不仅让后世学者诵习来修身,更想让后世君王用他的理论来治理天下。《春秋》为后世立法是通常的说法,汉朝人就常说《春秋》为汉朝制法。例如王充《论衡》说,孔子的《春秋》能够直中汉朝的时弊,为汉朝立法。

虽然不能称孔子为素王,他没有直接改变社会制度的权力,但是他可以作改制之言。改制就像今天所讲的变法,一套法制用久了,一定会发生变化。孔子是周朝人,他在日常生活中遵循的是周王朝的制度。但孔子在著作中,可以对虞、夏、殷、周四代的制度进行损益。

《春秋》三传

《春秋》三传即《春秋公羊传》、《春秋穀梁传》、《春秋左氏传》。开始"三传"都是师徒口头传授,后来学者把它们写在竹帛之上,并以祖师的名字为作者。《春秋》三传中,《春秋左氏传》最早写在竹帛上,在汉朝算是古文学。《春秋公羊传》最后写成,是今文学。

皮锡瑞认为,孔子直接传授七十子《春秋》的微言大义,《公羊》兼传大义微言,《穀梁》不传微言但传大义,《左氏》并不传义,特以记事详细。朱熹说:"《左氏》是史学,《公》、《穀》是经学。史学者记得事却详,于道理上便差;经学者于义理上有功,然记事多误。"皮锡瑞认为朱熹的观点很明晰。

汉朝时《春秋》三传互相争胜。汉武帝喜好《公羊》,《公羊》学很兴盛。宣帝好《穀梁》,《穀梁》学很兴盛。《穀梁》在西汉曾立学官,有博士,但总体上不如《公羊》与《左氏》。大概《穀梁》讲义理不如《公

大成至圣文宣王碑

今天孔林所见的孔子墓碑是明代正统八年（1443）所立，正面碑文作篆书"大成至圣文宣王墓"八字

羊》，讲历史不如《左氏》。东汉立十四博士，《公羊》有严、颜两家。《左传》曾在平帝和光武帝时立于学官。

汉朝今文古文互相攻击，便开始于《春秋左氏传》与《春秋公羊传》之间。何休作《公羊墨守》14卷，申说公羊家的春秋说，如墨翟守城不能攻破；《左氏膏肓》10卷，指出《左氏春秋》问题很多，如人已病入膏肓，不可救治；《穀梁废疾》3卷，指出《穀梁春秋》也有问题，如人得了瘫痪废疾，难于复起。人们称这三部书为"三阙"，言其理论幽微，难于通晓，如三座宫阙高不可攀。后来郑玄作《发墨守》、《针膏肓》、《起废疾》以相驳难。皮锡瑞认为，何休对《春秋左氏传》的批评太琐细，郑玄对何休的反驳多强词夺理。

何休的《春秋公羊传解诂》专门主《公羊》，杜预的《春秋左氏经传集解》专门宗从《左氏》，郑玄解释《春秋》则兼采三传。"三传"

是专门之学，本来是互不相通的。综合"三传"为一本书，是从唐朝陆淳《春秋纂例》开始的。陆淳根据啖助、赵匡的思想，杂采"三传"而合为一本书，将专门之学变为通学，使《春秋》经学发生了巨大变化。这种做法虽然不守家法，但有振兴《春秋》学的功绩。宋代儒者研究《春秋》，都走的是综合的路子，以刘敞的《春秋传》作得最好，胡安国的《春秋传》影响最大。

皮锡瑞认为，《春秋》三传是专门之学，研究《春秋》最好专门研究一家。因为《春秋》不同于《诗经》、《易经》、《尚书》、《礼经》，它是由孔子一手所定，学习《春秋》需要会通全经。如果一条采用《春秋左氏传》，一条采用《春秋公羊传》，一条采用《春秋穀梁传》，一条采用宋代儒者的观点，这样虽然也能传承一些古义，但使《春秋》陷入了混乱。

皮锡瑞指出，研究《春秋公羊传》，可以看凌曙的《春秋繁露注》以了解董仲舒的思想，看刘逢禄的《春秋公羊经何氏释例》以了解何休的条例，再看陈立《公羊义疏》以求对《春秋公羊传》的整体把握。研究《春秋穀梁传》，可以先看晋范宁《春秋穀梁传集解》、唐杨士勋《春秋穀梁传注疏》及许桂林《春秋穀梁传时日月书法释例》。研究《春秋左氏传》，可以先看杜预的《春秋左氏经传集解》和孔颖达的《春秋左传正义》，再看李贻德的《春秋左氏传贾服辑述》、顾栋高的《春秋大事年表》，这样可以全面了解史实。不过，《春秋左氏传》只是一家之言，对《春秋》的微言大义发挥较少。

《春秋》借事明义

孔子说他写作《春秋》，与其只讲义理而流于空言，不如将义理蕴含在历史事件中更深刻而显明。《春秋》是借鲁国 242 年的历史事件，来进行褒贬以阐明大义。

皮锡瑞指出，借事明义是《春秋》的特征。其所托之义，不一定与所借之事完全吻合。三传之中，只有《公羊》理解这一做法，不明白的人还用《左氏》的记载来反驳《公羊》的义理，而不知孔子只是借当时的事件做样子。事件与要阐发的义理合与不合，并不在意。孔子是在为万世作经，立法以垂教，而不是为一代作史，纪实以征信。

三统三世是借事明义。《春秋》三世，开始于拨乱，借隐、桓、庄、闵、僖为拨乱世，中于升平；借文、宣、成、襄为升平世，终于太平；借昭、定、哀为太平世。社会本来是越来越走向混乱，而《春秋》的描写却越来越走向太平，描写与实际是相反的。孔子只是借十二公的行事，作为历史前进的进程，来向后人说明如何治理拨乱世、升平世和太平世。

黜周王鲁也是借事明义。《公羊》以鲁隐公为受命王，黜周为二王后。实际上，鲁隐公依然是公，周天子依然是天子。黜周王鲁不是真正的施行改制换代，而是托王于鲁，来阐明社会理想。

春秋笔法

孔子的《春秋》并不能使后世没有叛乱的臣子、不孝的儿子。那《春秋》的功绩在哪儿呢？孟子说，孔子著作了《春秋》，叛乱的臣子、不孝的儿子才有所害怕。叛乱的臣子害怕当时的正义人士声讨他的罪行，又害怕后世史官直接写他的丑事。

皮锡瑞认为，一字褒贬是《春秋》笔法。例如《春秋》曰"宋督弑其君与夷及其大夫孔父"，"及"字便褒扬了大夫孔父为国君殉难的忠诚，"弑"字便贬抑了杀君之臣的不义。根据《春秋》笔法，弑君者的名字

孔子作春秋处
曲阜城东南8公里的息陬村北，旧时有"春秋书院"，书院内立有"孔子作春秋处"碑。任昉《述异记》谓孔子作《春秋》处即此地

在《春秋》中不会重复出现，虽然其人没被诛杀，但是他的名字已经被诛。

《春秋》只写灾异的事情，不写祥瑞的事情。皮锡瑞认为，这里面有孔子的良苦用心。写灾异是为了让人们谨慎小心，不写祥瑞是为了杜绝人们非分的企图。《左氏》喜欢讲祥异占验，所以范宁说它是巫术。《公羊》也喜欢讲占验，董仲舒多讲阴阳五行，何休《春秋公羊传解诂》讲占验很详细。皮锡瑞认为，讲占验祥瑞是《春秋》的别传，与大义无关。

《春秋》记鲁哀公"十有四年春，西狩获麟"。《公羊》说，哀公十四年获麟，麟本来是接受上天之命的祥瑞，但对于亡失天下的周王朝来说是灾异。《左氏》说，麟是中央轩辕大角兽，孔子作《春秋》，修缮了礼制而引来了麟子，所以麟的到来对于孔子是祥瑞。郑玄认为，《公羊》与《左氏》的观点不矛盾，麟对于兴盛者来说是祥瑞，对于衰亡者来说是灾异。

一字褒贬是《春秋公羊传》和《春秋穀梁传》所传承的《春秋》的古义。孙复认为《春秋》有贬无褒。皮锡瑞认为，主张没有褒贬是后世学习《春秋左氏传》者的欺世之言。《春秋》一万六千余字，如果不是字字都有褒贬的意义，是无法表达出丰富思想的。因此，皮锡瑞认为，杜预、孔颖达断定《春秋》没有写的地方都是阙文，从而讥笑《春秋》为断烂朝报，王安石甚至因其有阙而取消《春秋》的官学地位，这些做法都是不对的。但胡安国反过来认为《春秋》的精义都在阙文里面，这又矫枉过正了。

赵汸在《春秋集传·序》中指出，《春秋》策书的凡例有十五种，笔削的凡例有八种。皮锡瑞认为赵汸的分析比较合理，只是他对于《春秋》的特笔没有充分注意，如不写隐公即位而写桓公即位。皮锡瑞认为特笔是很重要的，有孔子特殊的目的在其中，比如对泓水之战的记载，《春秋》对泓水之战的记载是："冬，十有一月己巳朔，宋公及楚人战于泓，宋师败绩。"对于一般的战争，《春秋》只记下那一月就行了，此处特地记载是"朔"，即初一日，属于特写。皮锡瑞认为，特写表明《春秋》在褒扬宋襄公能昌明王道，借以向后人表达行仁义之师的道理。

《春秋》是经，《春秋左氏传》是史

皮锡瑞认为，《春秋》是为后世立法垂教的经，对历史事件有褒贬。研究《春秋》应该重视义理，而不能纠缠于历史事件。

汉代《春秋》的传承，以《春秋左氏传》为古文，《春秋公羊传》和《春秋穀梁传》为今文。在汉代，《春秋》三传都是经与传分开的。唐朝杜预才把《春秋左氏传》的经与传合在一起。其他二传不知合于何时。

　　司马迁称左丘明为鲁君子，不在孔子的七十二个著名弟子之中。既然左丘明不是孔子的弟子，所以他没有接受孔子口授的《春秋》。《春秋左氏传》的作者左氏与孔子在《论语》中所讲的左丘明是不是同一个人呢？汉代刘歆认为是同一个人，唐代赵匡认为左氏与丘明是两个人，宋代郑樵《六经奥论》力辩《春秋左氏传》的作者左氏为六国时人。

　　《春秋左氏传》是记载历史情况的史书，对历史事件没有褒贬。《春秋左氏传》比《史记》、《汉书》更接近上古时代，夏商周三代的掌故与名臣言行多依赖它得以保存下来。晋朝王接认为，《左氏传》是左氏独立的见解，不是专门为解释《春秋》而作。刘逢禄《左氏春秋考证》认为，左氏是写历史的人才，并不想把他的著作依附于《春秋》。后人牵强地认为《左氏传》传承了《春秋》思想，试图争夺《春秋公羊传》的师法地位。从表面上看，这是尊崇《左氏传》，实际上却是在诬蔑《左氏传》。

　　皮锡瑞认为，《春秋公羊传》和《春秋穀梁传》是训诂之传，从正面解释《春秋》义理，不作过分发挥与阐释；《春秋左氏传》是载记之传，而且有一些离开《春秋》的传记与解释。

　　《春秋左氏传》兼采各国史事，读者需要仔细辨别。有的古今观念不同，对历史事件的评价也不同；有的借历史向君主提出劝告；有的是权臣的歪理邪说，不足为据。例如鲁昭公薨于乾侯，史墨借机向晋国的权臣赵简子献殷勤，称赞季氏而归咎于鲁昭公，还认为君臣无常位。皮锡瑞认为史墨的观点便是助乱的邪说。

　　郑玄在《箴膏肓》中指出，《春秋左氏传》合乎古代的礼制。皮锡瑞认为，《春秋左氏传》的礼多为春秋哀世的礼制，与古代的礼制不相合。《春秋左氏传》作为史书，根据当时的情况直接描写是正确的，所以它所讲的礼制为春秋时期通行的礼制是无可厚非的。

皮锡瑞认为，汉朝流行《公羊》，直接以《公羊》为《春秋》，这是可以的。后来流行《左氏传》，直接以《左氏传》为《春秋》，这是不可以的。唐代作《五经正义》，《春秋》专用《左氏传》。宋代刊刻《十三经注疏》，《公羊》称《公羊》，《穀梁》称《穀梁》，《左氏传》称为《春秋左传》，明显以《春秋》专属《左氏传》。《左氏》本是《春秋》的传，而且与经不合，后世《左氏传》孤行，舍经用传，这完全偏离了《春秋》经学的方向。

批评刘歆、杜预、刘知几

孔子作《春秋》是为了止息邪说暴行。然而，刘歆与杜预等人从传驳经，皮锡瑞认为，这简直是非圣无法。他们以邪说诬蔑《春秋》，不但没有昌明孔子的《春秋》，对《左氏传》的思想也混淆不清。刘歆与杜预不是《左氏传》的功臣，而是《左氏传》的罪人。

西晋杜预作《春秋左氏经传集解》，唐朝《五经正义》专用杜预一家之学，从此杜预之学成为研究《春秋》的必读之书。皮锡瑞认为，杜预的《春秋左氏经传集解》有三个特点：一为把经与传合在一起；二为抛弃《春秋公羊传》和《春秋穀梁传》，以自己的观点解释《春秋》；三是名为《集解》，但文中不注明观点引自何人。汉朝人尊信诵习《春秋》，认为它有用，因为《春秋》是孔子所作，有微言大义，倡导素王改制，为汉朝立法。杜预则主张《春秋》无用，他完全抛弃《春秋公羊传》和《春秋穀梁传》，专从《左氏传》。

皮锡瑞认为，唐朝刘知几解释《春秋》最荒谬。他的著作《史通》中有《惑经》和《申左》两篇，诋毁《春秋》，批评孔子不按史实书

刘知几《史通》书影
唐朝刘知几的《史通》是中国及全世界首部系统性的史学理论专著，全书内容主要评论史书体例与编撰方法，以及论述史籍源流与前人修史之得失

写，而为贤者避讳。刘知几只知道史书的写作方法，而不通晓经义。他不知道《春秋》为尊敬的人和亲人所避讳，写与不写，都有义例，不像写史书一样善恶都写。他根据《春秋左氏传》，怀疑《春秋》是因循鲁国旧史而写成，甚至根据晚出的《竹书纪年》来怀疑《春秋》，真是太糊涂了。

皮锡瑞指出，宋代儒者周敦颐、邵雍、程颐、程颢、张载、朱熹等，虽然没有专著论述《春秋》，但他们关于《春秋》的观点很有见地，能了解《春秋》的微言大义，可以借宋代儒者的观点来纠正杜预、刘知几的偏失。如朱熹指出，杜预每到讲不通的地方，不说是传有问题，就是说经错了，真是荒诞。皮锡瑞甚至称杜预、孔颖达的《春秋》注解为断烂朝报。此外，还有些宋代儒者猜疑经典而不相信古义，这是他们的不足。典型者如吕大圭，作《春秋或问》，他认为古人的义理是助人为乱，这真是污蔑古人、迷惑后人。

《春秋》凡例

孔子说，排比史事以决断是非，是春秋的教化。排比史事也就是举例。孔子向弟子口授《春秋》，一定会以史事为例进行解释。因为《春秋》行文简洁而义理复杂，如果没有史事作为凡例，可能会出现对义理的不同理解。刘逢禄的《春秋公羊经何氏释例》、许桂林的《春秋穀梁传时月日书法释例》、杜预的《春秋释例》都可以参考。

皮锡瑞指出，《春秋》的正例和变例以日月时最明显。正例是日的则变例为时，正例为时的则变例为日，而月在时与日之间。《春秋》记载史事，重大的史事记载详细，则记日；细小的事件则记载简略，只记时。大事记日，小事记时，是《春秋》记事的原则。对于小的事件着重记录，便变时为日或月；对于重大事件轻描淡写，则变日为月或时。凡是记载月的，都是变例，大事正例为日，如用月或时就是变例；小事用时，用月或日就是变例。

郑樵提出例并非《春秋》的方法。后来便有人认为，《春秋》本来没有凡例，是后代的儒者在传承过程中附会的。皮锡瑞认为，主张《春秋》没有凡例的人，不但不明白《春秋》的大义，也不懂得著书作文的体例。凡是编纂史书都有凡例，《史记》和《汉书》的自序便是它们的凡例。《春秋》是圣人作经来教化后世的，应该有例义。

只有通晓《春秋》的义例，才能深入理解孔子作《春秋》的微言大义，而不必在三科九旨、一字褒贬、时月日例等方面纠缠不清，妄下结论。

小知识◎何休

何休(129～182)，中国东汉时期今文经学家。字邵公，任城樊(今山东滋阳)人。精研六经，对"三坟五典，阴阳算术，河洛谶纬，莫不成诵"。作《春秋公羊传解诂》十二卷。

◎胡安国

胡安国（1074～1138），南宋时期的著名经学家和湖湘学派的创始人之一。字康侯，号青山，学者称武夷先生，后世称胡文定公。著有《春秋传》，今存三十卷。

◎宋襄公

宋襄公是春秋时期宋国的国君。公元前638年宋国与楚国交战，宋军已经排好阵，楚军正在渡河。宋国官员认为楚军人多宋军人少，建议在楚军渡河的时候出击。但宋襄公说：不可以，因为君子不会在别人困难的时候去攻打人家。楚军渡河后，还没排好阵，宋国官员又请求出击。宋襄公说：不可以，因为君子不攻打不成阵势的队伍。一直等到楚军准备好了以后，宋襄公才下令出击。结果宋军大败，宋襄公自己也受了伤。

◎左丘明

左丘明,中国春秋时史学家,鲁国人,双目失明。春秋时有称为瞽的盲史官,记诵、讲述有关古代历史和传说,左丘明即为瞽之一。

左丘明塑像
左丘明,中国春秋时史学家,鲁国人,双目失明。春秋时有称为瞽的盲史官,记诵、讲述有关古代历史和传说,左丘明即为瞽之一

7. 皮锡瑞的诗、词与骈文艺术

皮锡瑞八岁便能写作诗文，很年轻就开始诗文创作，正如他自己所说"我年未冠登词场"。这里的登词场，应不仅指他十四岁开始参加科举考试，更指自己不到二十岁便开始诗文创作，在乡间小有名气。从皮锡瑞诗作存稿看，《师伏堂诗草》编年开始于同治九年，即1870年，这年皮锡瑞二十一岁，因此说他不到二十岁便开始诗文创作是完全合理的。

皮锡瑞诗文成就很高，著有《两汉咏史》一卷、《师伏堂骈文二种》六卷、《师伏堂诗草》六卷、《师伏堂丛书——师伏堂咏史、师伏堂词》。皮氏创作咏史的诗文，并不是纯粹的文字艺术，而是有其深切的现实关怀。他的诗文明显哀叹宋明的贫弱、赞颂汉唐的富强，在评叹经史之间，试图分析古今之变，从而为积贫积弱的旧中国寻找救世良方。

例如《师伏堂诗草》卷一《杂诗》云："沉湘日东泻，长流屈贾愁。谁令万古心，常代昔人忧。楚汉昔隆盛，济济多王侯。珠履延上客，金樽进名讴。处堂忽大敌，厝火无良谋。维彼昂昂驹，难为泛泛鸥。只身窜天地，盈皆交戈矛。曲池久已平，富贵同蜉蝣。高争日月光，辉辉映千秋。"

此诗作于1873年。此前的中国发生了鸦片战争，中国在鸦片战争中的失败和一系列不平等条约的签订，使它开始沦为半殖民地半封建社会。1851年发生了太平天国运动，迫使皮锡瑞的父亲皮树棠带着家人到江西清江老家避乱，中华大地处处充满危机，到处都受战争的影响。皮锡瑞由此十分怀念汉朝的强盛，谋臣很多，而现如今，原本平静的生活被西方列强的枪炮打破，却又找不到出谋划策的有用之臣。沅江和湘江中日夜流淌的似乎是屈原和贾谊的忧国忧民的愁绪。蜉蝣，俗名"一夜老"，也叫"夜夜老"，意思是一夜之间产过卵就死掉了。在皮锡瑞所处的时代里，荣华富贵已如蜉蝣的生命一样短暂。实际上，荣华富贵已不重要，人们渴求的实际上只是平淡安宁的生活而已。这首诗通过对历史的咏叹，透视出皮锡瑞的忧国忧民之心。

据学者研究指出，《师伏堂咏史》共有诗167首，所咏史事起自春秋末年，迄于隋朝灭亡，涉及近千年间的明主、昏君、后妃、外戚、重臣、良将、权奸、阉宦、贞士等。在这些诗文中，皮锡瑞以灵活的体裁、沉痛的笔调，既讥昏庸之主、责侈靡之君、刺贪鄙之臣、讽奸佞之徒，又表忠义之士、颂御夷之将、伤冤抑之臣、哀沉沦之才，兴亡之机与成败得失尽在笔端。

《师伏堂咏史·君似鼠》云："君恃勇伐盟主。君以为雄，臣云似鼠。鼠盗人食鼠何贪，君盗人妻更何苦。有人射鼠中其股，硕鼠硕鼠将去汝。"

"君似鼠"一词出自《春秋左氏传·鲁襄公二十三年》。臧纥深知齐庄公攻打晋国将会失败，所以不接受齐庄公给他封地，反而把攻打晋国的齐庄公比作不义的老鼠，试图激怒齐庄公而让他放弃攻打晋国。臧纥对齐庄公说："功劳太多了，可是君王即像老鼠，白天藏起来，夜里出动，不在宗庙里打洞，这是由于怕人的缘故。现在君王听说晋国有了动乱然后出兵，一旦晋国安宁又准备事奉晋国，这不是老鼠又是什么？"皮锡瑞这首咏史诗，正是通过对臧纥与齐庄公故事的评述，说明君王之德十分重要，如果君主德行不好，谋臣最终也会离开他的，就如臧纥最终会离开齐庄公一样。这里隐隐流露出皮锡瑞对自己才华的自信，同时，也流露出一些淡淡的对当时君主的失望情绪。

《师伏堂词·金缕曲·都门留别》云："莽莽天涯客，笑廿年，风尘肮脏，萍蓬飘泊。岂有文章惊海内，赢得虚名京国，屡辜负，凤城春色。回首长安尘雾黯，似灞陵，王粲心悽恻，彼苍意，殊难测。　梦魂一夜驰南北，休更言，燕台金贵，秦关裘黑。同学少年凡几辈，多少翰林子墨，正衣马，五陵填塞。惭愧菑川诸父老，劝公孙，再对金门策，吾去矣，子姑默。"

整首词的大意是抒发作者二十年来参加科举考试不第的失落心境。词的上阕写自己四处奔走飘泊，经历了科举考试中的不公正现象，觉得尘世很肮脏。同时，他哀叹自己写不出惊世之作来赢得声名。通常讲的凤城有两个地方，一个指西安城北，另一个指辽宁省凤城市。联系下文提到长安，此处的凤城应指西安。辜负凤城春色应指作者春天多次参加礼部组织的会试不第。回忆长安往事，都披上了一层迷雾，正如长安的尘霸陵，依山凿挖墓室，无封土可寻，史料文献对霸陵的记载也很少，让人无从找寻。王粲是汉献帝时的才子，十七岁时，皇帝授予其黄门侍郎的官职，因为西京（即今天的西安）扰乱，没有去接受官职，他的内心当时一定很苍凉。上阕写出了作者怀才不遇的苦闷心态。

下阕写自己想放弃科举考试，只是觉得愧对家乡父老的心境。燕台语出唐代诗人汪遵创作的一首咏史七绝《燕台》，讲的是战国时期燕昭王在燕城（今河北易县东南）建造黄金台，招贤纳士的故事。可惜这样重视人才的君王不再有了。这表明皮锡瑞对自身的才华还是相当自信的,只是报国无门,没有选拔人才的合理机制和重视人才的君王。他感叹自古以来多少文人墨客,为了科举功名奔走,算下来,应可充塞五陵原(五陵即陕西咸阳市附近的西汉五个皇帝陵墓所在地),但结果都是失望的居多,取得功名的少。父老乡亲们总是不断劝说皮锡瑞参加科举考试,但他自己已经对科举考试心灰意冷。因此,他有点想离开这个功名利禄之地,希望大家别再劝他去参加科举考试。

骈文又称"骈体文",因其常用四字、六字句,所以又称"四六文"。这种文体产生于魏晋,南北朝是骈体文的全盛时期。骈文全篇以双句(俪句、偶句)为主,讲究对仗的工整,在声韵上则讲究运用平仄、韵律和谐,修辞上注重藻饰和用典。直至清末,骈文仍十分流行。通常认为王闿运是清代最后一位骈文作家,而与王闿运同时的皮锡瑞,其骈文成就似乎不输于王闿运。

据学者研究指出,王先谦辑《骈文类纂》,收录皮锡瑞的骈文11篇,连珠87首,在该书收录的35位清代文章名家中,皮锡瑞高居第二,仅次于洪亮吉(收骈文、连珠共131首)。在该书收录的8位湘籍文人中,皮锡瑞的骈文居第二,仅次于周寿昌(收文14篇)而多过王闿运(收文10篇)。王先谦在编纂之初,兼录在世作者的文章,叶德辉亟亟以为不可,王先谦回复说:"然如缪学丞、皮孝廉之作,实不能割爱。"皮孝廉即皮锡瑞,足见皮氏诗文在当时已有很大影响。

从《师伏堂骈文二种》看,皮锡瑞的骈文对帝王和名臣的论述和赞颂较多,如《秦始皇论》、《唐太宗论》、《晋武帝论》、《诸葛亮论》、《春秋列国名臣序赞》等,他通过对历史是非得失的总结,寻找国家兴亡的原因。在他看来,国家的兴盛,关键在于圣哲之君和名世之臣。

例如《春秋列国名臣序赞》极力强调人才对于国家安危至关重要,

伍相祠
安徽省含山县城往北行大约 7.5 公里，有一名扬天下的古昭关遗址。伍子胥之祠就坐落在古昭关城楼之上

甚至是"得人者昌，失人者亡"，虞国国君没有重用百里奚而导致亡国，秦穆公重用百里奚而称霸诸侯；吴王阖闾重用伍子胥而称霸诸侯，吴王夫差听从谗言杀了伍子胥而导致亡国。皮锡瑞说："是故良骥常有，罕逢伯乐之识。"好马是常有的，只是很难遇到伯乐的赏识而已，这种感叹正是皮氏本人怀才不遇心境的写照。

《春秋列国名臣序赞》对百里奚赞语如下："百里举滕，上侔莘伊。龙尾虞灭，牛口秦知。慷慨养性，悲歌伏雌。有子不懈，显君西陲。乾坤生才，不遗山泽。于惟大贤，德变蛮貊。延陵翩翩，名节赫赫。审音知政，与缟赠客。剑挂且许，钗交何责？大雅不群，追踪泰伯。复仇大义，著在《春秋》。吹篪吴市，解剑渔舟。臣报弃疾，君忘姑浮。南郢鞭尸，东门悬头。江涛马奔，宫露衣抠。属镂既赐，主恩已酬。

三 清末今文经学的集大成者 | 105

前沉后扬,皇天之祐。羽翼既成,山河重秀。"这段赞词描述了百里奚从平民到国之重臣的传奇经历,赞扬了其博大的胸怀和过人的智慧。

皮锡瑞的诗、词和骈文,大多是借用历史题材,分析王朝兴衰缘由,所以其文艺创作与政治之间有直接联系,简要来说,皮锡瑞的文艺创作有如下特点:

第一,以史论今。皮锡瑞从小诵读经史,吟诗作文,从历代的兴亡成败中寻找救世之道,认为兴衰的关键在人才。

第二,政论思想涉及政治、经济、文化等多方面内容,旨在变法图强。为了区别于康有为以今文经学托古改制的流弊,他标举"不引经书,专讲史事",以史论今,建构起独具特色的维新理论。皮锡瑞治今文经学十分严谨,不同于康有为有很多臆测之词。康有为通过对经典的议论阐发改制思想,皮锡瑞则通过对历史人物与事件的议论提出改制思想。

康有为塑像
清末维新变法运动领袖康有为故居位于广东省佛山市南海区丹灶镇,此为故居内康有为塑像

第三，皮锡瑞的诗文有明显的心忧天下的济世心态。1895年《马关条约》将台湾、澎湖列岛割让给日本，皮锡瑞十分气愤，为此写"感愤"诗八首。如第一首为："密诏传哀痛，艰危仰圣明；沉谋绝西幸，愤志激东征；不减桑林祝，何知社稷轻；诸公衮衮在，曾语及苍生。"显然，皮锡瑞希望清政府在危难关头要积极抵抗，关心天下百姓的安危，而不能只是想着国都西迁以自保。

第四，皮锡瑞的的政论思想没有走出封建时代的框架。甲午海战前，他所讲的只是文人眼中的时势，议论时政，迷于天朝上国，所论不出古经旧史，对西学与洋务持抵拒态度。甲午海战后，他开始关注西方，羡慕西方机器工业的强大，逐渐由主战转向议和。

四 名门之后的末代经师

皮锡瑞出生在亦商亦官的大户人家，他的曾祖父以经商起家，是当地有名的富裕户，他的父亲当过县令。皮锡瑞的子孙们也是名人辈出，典型的如其孙皮名举，留美博士，西南联大的名教授。皮锡瑞中年以后在江西和湖南从事教学工作，培养了一大批优秀人才，可谓是"三湘硕学，咸出其门"。通过学术交流，皮锡瑞结识了很多学术朋友，如王闿运、王怀钦、陈伯严、文廷式、王先谦、叶德辉、梁启超、谭嗣同等，他们对皮锡瑞的学术研究有多方面的影响。

清代长沙

湖南长沙,湘江两岸远眺之景

1. 皮氏乃江右望族

晚唐诗人皮日休后裔

善化皮氏系晚唐诗人皮日休后裔,世代居住在湖北襄阳,明代中叶后迁居江西临江府清江县(今江西省樟树市)之龙潭里。清朝嘉靖年间,清江皮氏出一进士皮舜明,出任福建建宁县知县、补龙岩直隶知州、署兴化府知府,并著有《慎思堂集》,后来湖南善化皮氏奉之为祧祖。皮锡瑞的高祖皮以锈,为皮舜明七世孙,乾隆末年由江西迁徙到湖南,至皮锡瑞的曾祖皮登乐,始占籍长沙府善化县。

皮锡瑞的曾祖皮登乐以货殖起家,货殖也就是贩运买卖即做生意,由此成为当地有名的富裕户。他又略读诗书,能明大义,仗义疏财,品德很高,例如《清皮鹿门先生锡瑞年谱》记载一则故事:有个姓涂的江西人,做生意折了本,打算变卖存货回家。姓涂的把存货给皮登乐替他卖,希望把卖得的钱作为自己回家的路费。而姓涂的还欠皮登乐的钱,因此有人对他说:"你欠了皮登乐的钱没有还,又让他替你卖东西,皮登乐如用卖得的钱偿债,你是不能反对的。你还拿什么路

皮日休

皮日休，字袭美，今湖北人。晚唐文学家、散文家。尝居鹿门山，自号鹿门子。《新唐书·艺文志》录有《皮日休集》、《皮子》、《皮氏鹿门家钞》多部

费回家呢？"姓涂的听了很担心，来到皮登乐家跪着请求皮登乐。皮登乐说："我用卖得的钱偿债固然很合适，但是你还等着这些钱作回家的路费和娶妻子，我当然不能趁此向你要债，我会把卖得的钱都给你的。"姓涂的对此感激涕零，再三拜谢。皮登乐八十三岁去世，姓涂的也很老了，他听说皮登乐去世的消息，从江西赶到湖南长沙来奔丧，跪在灵前痛哭。大家看见一白发老人痛哭，却不认识他，就好奇地问情况，姓涂的起来说："皮先生对我有恩，而时到今日我还没能还先生的钱，我辜负了先生的信任。我听到先生去世了，所以不远千里而来，聊表心意，以此报答先生的大德。"

皮锡瑞的祖父皮存源，以孝友信义闻名于乡里，朝廷封其为"朝议大夫"。朝议大夫是文散官名，是有官名而无职事的官称，清代从四品开始都授予朝议大夫。1852年太平军进军湖南南部，皮存源赈济流亡百姓，协助防御，逐渐使乡里生活恢复了平静。1853年，江右饥荒，皮存源为百姓提供粥食，最终保全了一乡人的生命，没有出现饿死人的情况。从这两件事可见，皮锡瑞的祖父皮存源是一个以孝友信义而著称的乡绅。

皮锡瑞的父亲皮树棠，是同治元年（1862）恩科举人，历任湖南省宜章县、华容县县学训导，湖南辰州府学教授。简单说来，皮树棠曾是一名教师，后又任浙江省处州府宣平县知县前后八年，其间曾任

四 名门之后的末代经师 | 111

皮锡瑞
(1850～1908)

浙江省处州府松阳县知县一年。据皮树棠墓志铭载：皮树棠在宣平县平反重案，减轻赋税，赈济灾民，编纂县志。他尤其关爱人才培养。宣平县地方偏僻，文风在浙江排名靠后。皮树棠增加书院学生的津贴，而且他有时间便召集学生亲自授课，几年之后，宣平县就有学子中举。皮树棠轻财好义，不注意料理自己的生计，家境明显不如以前，在浙江为官时，他常典当衣物来解决生计，生病回乡时，甚至缺少路费。这是少见的清廉之士。

　　正如皮名振所谓"我皮氏江右望族"，皮氏家族曾十分富裕，在皮锡瑞曾祖时是长沙有名的富裕户。皮登乐为人仗义，品德高尚，能济人之危。也许自皮登乐以来，皮家人的品格中就融入了乐善好施、心忧天下。皮锡瑞的祖父赈济灾民，他的父亲清廉至告病还乡的路费都没有而仍心忧天下。皮锡瑞注意将经学与现实密切联系起来，通过对历史研究寻找改革现实的方法。他久困科场中仍不忘改革社会，尤其是后来放弃科举考试，推动教育制度改革，这种完全不以个人功名为限，关心国家发展的心胸是对皮氏家族品格的继承和发展。

皮锡瑞的儿子们

皮锡瑞有三子，长子嘉福，字寿人，1868年生；仲子嘉祐，字吉人，1871年生；三子嘉禄，1885年生，六岁夭折。嘉福、嘉祐都有文章传世。

皮嘉福曾作《劝茶商歌》，发表于中国近代资产阶级改良派创办的报刊《湘报》，文章开篇说道："请君听我说种茶，茶比谷利十倍加。中国向来独专利，于今茶利较前差。茶利较差因何故，锡兰印度争商务。"这是用白话体写作的诗歌。诗歌首先说明了写作此文的背景，外商制茶对中国，尤其是湖南茶业构成了极大影响，中国茶行业以前在世界上处于垄断地位，如今不仅垄断地位尽失，甚至茶商、茶农的生存都岌岌可危。为此，皮嘉福提出了走出困境的三点想法：一为引入国外先进的机器制茶法，福州已经引进机器烘茶，可以仿效。机器烘茶质量好，省人力，省原料。二为应尽快办公司，公司通过合股积累资金，有力量引进昂贵的制茶机器，同时可以借重官府的力量发展商业。三为向茶民讲种茶之法，从播种、施肥、栽种、灌溉、剪枝、采摘、烘制等方面讲述种茶法。

仲子皮嘉祐曾撰《三礼郑注引汉制考》，今佚。1898年曾在《湘报》先后发表《醒世歌》和《平等说》，也都是用白话体写作的诗歌。他在《醒世歌》说道："若把地图来参详，中国并不在中央。地球本是浑圆物，谁是中央谁四旁。"很显然，这种思想里不再有夷夏之防，而主张世界各民族平等。他在《平等说》中指出："夫平等之说，导源于墨子，阐义于佛氏，立法于泰西。墨子之兼爱尚同也，佛法之平

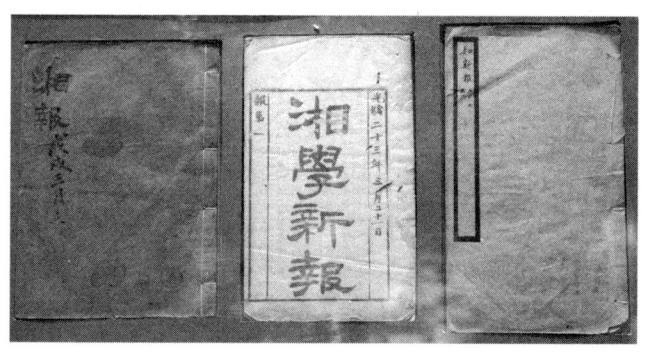

维新思想宣传报刊
《湘报》、《湘学新报》和《知新报》都是宣传维新变法思想的报刊

等也,泰西之人人有自主权利,爱汝邻如己,而倡君民一体也。名不同而旨则一也。佛法之平等,即出于墨子之兼爱尚同,泰西之人人有自主权利,爱汝邻如己,亦出于墨子之兼爱尚同。"从这段诗歌可以看出,皮嘉祐不仅对中国文化,尤其是墨家、佛教有所了解,而且对西方的民主制度有较高的认同。他不再做前人中国是天朝上国的迷梦,不再对周边民族国家抱有偏见,而开始有了世界的观念,中国只不过是世界众多国家中的一员。他的这种思想在当时应是很进步的,因此在有的现代论著中将他归入梁启超、谭嗣同、陈宝箴等立宪改良一派。不过,他把墨子的兼爱尚同与西方民主自由思想作比附,缺乏理论深度,没有涉及制度建构层面,无法真正改变当时中国社会贫弱的现实。

皮锡瑞的孙辈们

根据《清皮鹿门先生锡瑞年谱》记载,皮锡瑞在世时,已有五个孙子，分别是长孙皮名扬，1891年生；次孙皮名振，1895年生；三孙皮名扩，1899年生；四孙皮名挺，1900年生；五孙皮名举，1907年生。

皮名振即是《清皮鹿门先生锡瑞年谱》的编著者，对皮锡瑞的生平与思想有深入了解。《年谱》行文言简意赅，清晰呈现了皮锡瑞的志向、品格与学养，皮名振应有很高的学术修养。皮名扩是黄埔军校第六期的学员，其在学校登记的家庭住址是湖南长沙南门外礼贤街一号，这正是皮锡瑞家的老宅。

孙辈中另一著名人物是皮名举。1923年8月至1928年7月在清华学堂留学生部学习，1928年8月去美国留学，先在耶鲁大学攻读学士、硕士学位，后在哈佛大学研究院深造获得博士学位。1935年回国，先后任北京大学、西南联合大学教授（在西南联大期间又在云南大学兼课），讲授西洋通史、西洋近世史、西洋十九世纪史、西洋现代史等课。在西南联大时皮先生与共事的资深外国史教授雷海宗先生齐名，当时学人称"南有皮名举，北有雷海宗"（雷海宗教授系山东人）。易社强在《西南联大：战争与革命中的中国大学》中提到皮名举时说："他是朗格（William L.Langer）的得意门生，湖南人，又高又瘦，声音洪亮，胡子拉碴。"

皮名举毕生从事世界史教学与研究工作，他早年在哈佛大学攻读博士学位的论文题目是《胶州湾租借史》，论文以丰富的史料、鲜明的观点揭露了德国帝国主义疯狂侵略我国山东省的罪恶行径。新中国成立后，他同国内世界史专家一起，有计划地翻译了一批世界史学术名著和原始资料，如《1760～1917年的美国》。1957年被错划为"右派"，1959年去世。与皮先生共事多年的雷敢教授1987年曾赋诗《忆皮名举先生》："青年驰誉海西头，博硕词科并上游。家学渊源今学派，服膺改革有原由。"此诗赞扬了皮名举青年留学国外获得硕博学位,在文学创作上很有才华。他祖父皮锡瑞是研究今文经学的大师,托古改制是今文经学的一大特性,所以皮名举崇尚改革有其家学的渊源。

2. 三湘硕学，咸出其门

1890年，皮锡瑞在湖南桂阳龙潭书院讲学近两个月。1892年，皮锡瑞开始主讲江西南昌经训书院，直到1898年戊戌变法失败而遭党禁，主讲经训书院前后六年。其间，江西中举士子出自经训书院的很多，主要有1893年、1894年、1897年和1902年四次江西乡试，尤其是1897年江西乡试，经训书院中举的有32人，前十名皆出自经训书院，这在当时影响很大。1903年开始，皮锡瑞在湖南高等学堂、湖南师范馆、长沙府中学堂等从事教学工作，"诲人不倦，三湘硕学，咸出其门"。

从《清皮鹿门先生锡瑞年谱》的记录看，1893年的江西乡试中，经训书院中举的学子有许受衡、王子庚、胡思敬、吴宝田、谢远涵、罗志清、张炳喆、伍致中、杨亨颐、段笏、赵世猷、黄寿谦、黄锡朋等13人。1894年的江西乡试经训书院中举的有文景清、贺赞元、文廷楷、吴正表、蔡藩、胡其敬、李夬、黎经诰、彭树华、胡鹏、黄大壎、朱锡庚、夏敬观等13人。1897年的江西乡试举人有宋名璋、夏承庆、龙钟㳶、萧鼎臣、徐运锦、于廷荣、万启型、张捷、杨增荦、熊罗宿、雷恒、李若虚、魏元霸、王益霖、张锡年、杜述琮、胡藻、陈希孟、李盛鎏、刘彭龄、文廷华、萧丙炎、沈兆礿、吴璆、王庆康、李国梁、龙国榛、贺文华、张世畴、黎瑞棠、张国光、包学渊。副榜：熊璠、李若愚、秦镜中、桂念祖等32人。此外，1897年拔贡有卢豫章、胡汝绽、于廷荣、饶之麟、宋名璋、李瑞荼、聂廷瑞、熊锡荣、李盛鎏、刘彭龄，优贡有徐运鑫、傅巽、沈兆祎、毛玉麟等。1902年江西乡试中举的门生有徐运鑫、刘凤起、周观涛、余兆麟、万麃、叶润藜、饶之麟、刘瑸、胡献璠、张佑贤、吴衍任、郭承平、邢汝楫等。

在这四份中举名单中，很多人成为社会的知名人士。其中有：

许受衡（生卒年不详），字玑楼，江西龙南人。1893年从经训书院参加江西乡试中举，1895年登进士，授官刑部主事（大致相当于现在司法部内处级干部），后任大理寺少卿（相当于最高法院副院长），擅长作诗。

胡思敬（1869～1922），字漱唐，江西新昌（今江西宜丰）人。1893年从经训书院参加江西乡试中举，1894年中进士，次年补殿试，选翰林院庶吉士。历任吏部考功司主事，辽沈道监察御史，广东道监察御史。1911年3月，由于进谏不被采纳，于是辞官定居南昌，潜心著作，校辑图书。他的主要著作有《退庐疏稿》等。

吴宝田(1864～1936)，字尧耕，号东村穑者，江西余干县人，1893年从经训书院参加江西乡试中举。光绪年间，他目睹朝政日非，曾参与"公车上书"；之后，尽弃科举八股之文，留心经世之学。在北京主编《新社会日报》时，撰写过不少论文，如《提倡国货刍议》、《孔子生日考》等文章，皆为士林所重视，并誉之为"临川之笔"。他文笔犀锐，指陈时政，深得人心。著作有《思问堂全集》、《海山吟》等。

谢远涵（1875～1950），字敬虚，江西兴国县人，1893年从经训书院参加江西乡试中举，1894年中进士，次年选为翰林，任翰林院编修。1895年在北京参加康有为联合十八省来京会试举人"公车上书"，并在策试中针砭时弊，力主变通。1909年任四川道监察御史，1916年出任北洋政府内务部次长兼北京市政督办，并代理内务部长。后来加入孙中山领导的中华革命党，晚年目睹国民党政治腐败，逐渐同情人民革命。

黄锡朋(1859～1915)，字百我，江西都昌县人，出身于诗书世家。1893年从经训书院参加江西乡试中举，选授瑞州府(治今高安)府学训导。1903年中进士，授工部主事，后加员外郎衔。田园诗人，著有诗集《樵隐》、文集《蛰庐》，今收入黄崇艺等合编本《都昌三黄诗文集》。

夏敬观（？～1953），字剑丞，江西新建人。1894年从经训书院参加江西乡试中举，历任三江师范学堂、复旦、中国公学监督（相当于现在的校长），江苏巡抚参议，署浙江提学使。民国初，任浙江教育厅厅长。工于诗词，撰有《忍古楼诗》、《联庵词》。

贺赞元（生卒年不详），江西永新人，1894年从经训书院参加江西乡试中举，创办过江西省城电灯公司，后来担任江西谘议局议员、江西督府政事部部长等职。

黄大壎（1861～1930），字伯音，江西石城人，1894年从经训书院参加江西乡试中举。1898年中进士，钦点翰林，入翰林院，为庶吉士，期满后授编修。他曾上书清廷，建议选派优秀青年赴东西洋各国留学。得到朝廷批复后，他亲率学生若干名东渡日本，悉心考察教育、实业、人情、风土诸事，著成《东游琐记》一书。返国后，创办江西高等学堂，就任江西高等学堂监督。晚年，他定居石城，闭门读书、著述于音韵、训诂，可谓独具匠心，著有《东游琐记》、《梓桑管见》、《经说札记》、《说文解字集注》等。

宋名璋(生卒年不详),江西奉新人,1897年从经训书院参加江西乡试中举,1904年中进士,后以主事分部学习,并入进士馆。后入日本法政大学速成科第五班。1917年张勋复辟期间,曾被任命为度支部右参议。

龙钟洢(生卒年不详),江西永新人,1897年从经训书院参加江西乡试中举。1905年任江西实业学堂监督。1907年5月由他创刊任主编的《江西农报》,是我国近代创刊时间最早、具有鲜明地方特色的综合性农学期刊。其著有《土壤定量分析术》、《沃壤胎观论》等。

杨增荦(1860～1933),字昀谷,江西南昌人。1897年从经训书院参加江西乡试中举,后中进士。先后为刑部主事,热河理刑司员,四川候补知府,广东署法院参事。民国初年,为国史馆协修,交通部推事。平生潜心于学,晚年沉潜佛典,著有《杨昀谷遗诗》8卷。

熊罗宿(1866～1930),字浩基,江西丰城县(今丰城市)人。1897年从经训书院参加江西乡试中举,1910年应聘于京师大学堂(北京大学前身)主讲历史。辛亥革命爆发后回到江西,被聘为江西省立图书馆董事,此后一直从事版本目录研究和古籍整理工作,是与胡思敬、蔡敬襄齐名的藏书家。

王益霖(1856～1913),字春如,江西南昌人,1897年从经训书院参加江西乡试中举。1903年应聘为三江师范教习,同年中进士后,仍回三江师范任教,1907年转任河南高等学堂教习兼斋务长。

吴璆(1865～1936),字康伯,江西南昌人。1897年从经训书院参加江西乡试中举,1903年中进士,先后为翰林院庶吉士,授江苏候补道,任江宁提学使,常跟杨仁山居士研究佛典。善骈文,精于诗,著有《优钵罗室骈体文》、《复堂诗集》等。

桂念祖(1869～1915),字伯华,江西德化县(今九江县)人。

1897年从经训书院参加江西乡试副榜提名。师从皮锡瑞,在经学、辞章方面均有深厚功力,尤擅于词。曾从康、梁参加戊戌变法,主持上海《萃报》并任主笔,后留学日本研究宣扬佛学。

刘凤起(1866~1933),字未林,江西南城人。1902年江西乡试中举,1903年中进士,散馆授翰林院编修,曾被派赴日本考察法政,回国后被江西巡抚冯汝骙奏留南昌办学,任谘议局议绅、宪政筹备处谘议、教育总会会长、师范学堂监督,辛亥革命后曾任江西民政长。

从上述介绍看出经训书院名人辈出,人才济济。这些人可以分为六类:一为关心变法与维新,如贺赞元、刘彭龄、文景清、文廷华、文廷楷等曾参加康有为等发起的维新派政治团体保国会。在"公车上书"中,由皮氏弟子所组成的"皮门"有很大影响,如吴宝田、谢远涵参与其中。二为在政府工作的精英,如胡思敬、谢远涵、黄锡朋、吴璆、杨增荦、宋名璋等。三为学术研究方面有较大成就,如胡思敬、吴宝田、黄大壎、杨增荦、熊罗宿、桂念祖等。四为诗词创作成果丰硕,如黄锡朋、夏敬观、吴璆、桂念祖等。五为从事教育教学的,如夏敬观、黄大壎、龙钟洢、熊罗宿、王益霖等。六为关心实业与社会发展,如龙钟洢。皮锡瑞以其关心时局、心忧天下的儒者情怀深深地感染着经训学子,以其实事求是、严谨认真的治学态度培养了一大批经训门人,深刻影响了当时的社会风气。

3. 皮锡瑞的学术朋友

皮锡瑞喜交游，结交的朋友很广泛，有关心提携他学术进步的大儒王闿运，有通过科举考试结交的同年王怀钦、陈伯严、文廷式，有通过经学研究结识的同乡王先谦、叶德辉，有通过参与维新活动结交的梁启超、谭嗣同，还有对他有知遇之恩的湖南巡抚陈宝箴等。

清末今文学家王闿运对皮锡瑞提携有加。皮锡瑞二十四岁举拔贡时，王闿运有《赠癸酉五拔贡诗》，对当年一起获举拔贡的五人以鼓励，其中一句为"他时虎观谁垂席，莫道刘龚得路先"。虎观即白虎观，汉章帝建初四年（79）的白虎观经学会议中占支配地位的是今文经学。刘龚即刘逢禄和龚自珍，二人是清代今文经学的代表人物。显然，王闿运想把五人向今文经学的方向上引导。王闿运还曾劝皮锡瑞"专治一经"，重视训诂。1896年，王闿运向贺赞元称赞皮锡瑞的《尚书大传疏证》"征引精确"。

在这些学术朋友中，与皮锡瑞关系最密切的应是王怀钦。怀钦是字，此人姓名为王德基（1842～1884），湖南益阳人。皮锡瑞15岁左右在长沙桃花井结识王怀钦，有"有忆初相识桃花井"的诗句。皮锡瑞20岁时与王怀钦、阎象雯三人以文章才华闻名于乡里，人称"阎王皮"。皮锡瑞24岁举拔贡，同榜就有王怀钦。皮锡瑞此年作诗《寄怀钦益阳》："不见王摩诘，离情为尔长。资江三百里，迢递隔潇湘。秋水芙蓉老，春风兰芷香。屋梁明月落，飞梦到君傍。"这首诗表达了皮锡瑞与王怀钦的分别离愁，可见二人友谊深厚。1874年皮锡瑞与王怀钦在京参加朝考。1879年，皮王二人在长沙参加乡试，王怀钦中举了，皮锡瑞直到1882年才中举。1884年，王怀钦英年早逝，皮锡瑞十分悲痛，《清皮鹿门先生锡瑞年谱》载："知王先生怀钦以正月初八日殁，公以诗哭之。"

文廷式与皮锡瑞1882年同时中举，是皮锡瑞在多年的科举考试中结识的学术朋友。文廷式(1856～1904)，字道希，江西萍乡人。1893年文廷式寄信与皮锡瑞论学，对皮氏在经训书院讲常州学派今文经学和川学提出讨论。1894年四月皮锡瑞进京参加会试，文廷式宴请瑞安孙诒让、绵竹杨锐、南通张謇等，这年皮锡瑞、孙诒让都落榜，文廷式深为惋惜，并送陈澧《东塾集》给皮锡瑞。1895年、1896年文廷式回南昌，时常与皮锡瑞纵谈时事。

如果说王怀钦、文廷式是皮锡瑞在参加科举考试中结识的知己，那么王先谦则是他后来放弃科举、转向经学研究时期的益友。王先谦（1842～1917），字益吾，湖南长沙人，因宅名葵园，学者称为葵园先生。人们通常把他归入保守派或顽固派，但是他在经学研究方面的造诣则是大家所公认的，

文廷式像

文廷式(1856～1904)，字道希，号芸阁、纯常子，祖籍江西萍乡。中国近代诗词名家。他积极维新变法运动，是晚清时期重要人物之一

这正是皮、王二人相互欣赏的原因。王先谦对皮锡瑞的帮助有二：

一为学问的交流与提携。王先谦自1890年左右辞官回长沙定居，每有新作便送给皮锡瑞看，如1899年王先谦请皮锡瑞校正《汉书补注》。王先谦对皮锡瑞《驳俞理初公羊传及注论》一文十分欣赏，认为是"经学独步，湘中夺席"。皮锡瑞经学代表作《今文尚书考证》由王先谦作《序》，《序》云《今文尚书考证》"条理今文，详密精审，兼诸大儒之长，而去其蔽"，可谓赞赏有加。1901年王先谦编《骈文类纂》，选录了皮锡瑞的文章十二篇，连珠八十七篇，可见王氏对皮文十分欣赏。1908年正月，王先谦请皮锡瑞为《唐书》中的《礼乐志》和《艺文志》作注。皮锡瑞爱好藏书，曾将辑得的《释名补注》录记给王先谦，王先谦的《释名疏证补》便采纳了皮锡瑞的观点五十余条。皮锡瑞称赞王先谦的《尚书孔传参正》"兼疏今古文，说明精确，最为善本"。

二为帮助皮锡瑞在思贤书局出版著作。1890年，王先谦在长沙设立思贤书局刻印书籍，王先谦曾就印书事宜与皮锡瑞商榷。皮锡瑞的著作绝大部分都由思贤书局刊行，如《尚书古文考实》、《尚书古文疏证辨正》、《古文尚书冤词平议》、《尚书中候疏证》、《郑志疏证》、《六艺论疏证》、《鲁礼禘祫义疏证》、《王制笺》、《经学通论》、《经学历史》等。

王先谦坚持中体西用论，认为国人可以学习西方的科学技术，但在政治与文化方面应坚守传统，因此他联合湘绅攻击时务学堂，建议停办湖南维新人士创办的《湘报》。但这并未影响皮王二人的关系，二人来往依然密切，皮锡瑞的书仍在思贤书局出版。

叶德辉和皮锡瑞本来关系很好，但最后却走向了公开分裂。叶德辉擅长考订和校刊，收藏书籍很多，质量很高。他每收藏到好书，总是借给皮锡瑞，如1896年叶德辉由京城寄赠孔丛伯古俊楼郑志原刊本给皮锡瑞。1898年皮锡瑞的《六艺论疏证》由叶德辉作《序》，《序》中称赞皮锡瑞对于古文经学、今文经学、郑氏学和朱子学"皆融洽而贯通之，平生著作等身，实事求是，而于郑氏遗说，类皆有所发明"。皮锡瑞主讲南学会的主要阻力便是叶德辉，他不仅在皮锡瑞决定主讲南学会之前阻止皮锡瑞，说湖南的讲学并非长久之计，劝他不要答应。而且在此之后，他又当面和写信反对皮锡瑞的讲学内容。据皮锡瑞1898年四月六日的日记，两人在往来书信中还以弟公相称，但到五月十九日即转为相互谩骂，皮称叶为"山膏"（传说中怪兽名，其状如猪，好骂人），后贬称叶德辉为"叶麻"。

湖南巡抚陈宝箴对皮锡瑞有知遇之恩，曾推荐皮主讲江西经训书院，后又请其主讲南学会。这两件事是皮锡瑞社会活动的主要方面，都得到了陈宝箴的支持。此外，1898年陈宝箴试图推荐皮锡瑞经济特科（清末新政中特设的科举考试），被皮锡瑞辞谢。1900年陈宝箴去世，皮锡瑞有哀悼诗四首，其一云"沧海横流日，东山失伟人"，足见皮锡瑞对陈知遇之恩的感念。陈三立是陈宝箴之子，皮锡瑞的同年（古代科举考试同科中试者之互称），在皮锡瑞主讲江西经训书院和南学会两件事中他曾给皮锡瑞很多帮助。

小知识◎王闿运

王闿运（1833～1916），字壬秋，又字壬父，号湘绮，世称湘绮先生，晚清经学家、文学家，咸丰举人。曾任肃顺家庭教师，后入曾国藩幕府，主讲成都尊经书院、长沙思贤讲舍、衡州船山书院、南昌高等学堂。著有《湘绮楼诗文集》、

《湘绮楼日记》等。

◎王先谦

王先谦（1842～1917），字益吾，因宅名葵园，学人称为葵园先生，湖南长沙人。他是著名的湘绅领袖、学界泰斗。曾任国子监祭酒，江苏学政，湖南岳麓、城南书院院长。曾校刻《皇清经解续编》，并编有《汉书补注》、《后汉书集解》、《荀子集解》、《庄子集解》、《诗三家义集疏》、《续古文辞类纂》等。

五 学综汉宋 评论古今

皮锡瑞作为经学大师,擅长总结前人思想,评价前人得失,从前人著作中择善而从,他的这一长处最典型地体现在《经学历史》和《经学通论》这两部书中。他对前人的评价有鲜明的今文经学立场,对伏生的评价极高,《尚书》是其一生的学术研究重心。他认为郑玄是汉学的集大成者,朱熹是宋学的集大成者,因此对二者的研究很深入,尤其是郑学研究,有多部著作传世。对清代经学的研究也较全面而深入,是清代今文经学的集大成者。

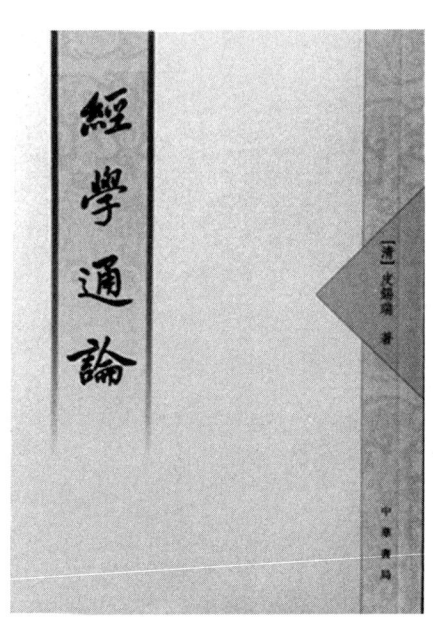

皮锡瑞《经学通论》书影

《经学通论》是皮锡瑞晚年贯通五经之作

1. 师伏堂与西京微言大义

师伏堂是皮锡瑞给自己居室起的名号。此名号的由来，通常采用皮锡瑞之孙皮名举在《皮鹿门先生传略》的说法："颜其居曰师伏堂，学者因称师伏先生。"师伏堂的名称始于何时呢？师伏堂最早见于光绪癸巳年（1893）刊行的《经训书院自课文》三卷，所以师伏堂的名号至少在1893年就开始使用了，这年皮锡瑞四十四岁。

皮锡瑞的经学研究中，对《尚书》的研究用力最多，其中最推崇伏生的今文经学。伏生，一作伏胜，字子贱，生卒年月不详，山东济南人，西汉经学大师，曾为秦朝博士。公元前213年秦始皇焚书坑儒时，伏生将《尚书》藏在墙壁夹层内而使其免于焚烧之难。汉文帝派太常掌故晁错到伏生家中学习《尚书》。此后，《尚书》学以伏生为传授的渊源。在文、景、武、昭、宣诸帝统治时期，立于学官的五经十四博士皆为今文经学派，其中《尚书》立欧阳生、大夏侯（胜）、小夏侯（建）三博士，都出于伏生门下。伏生所传的《尚书大传》为《今文尚书》，自孔安国开始出现《古文尚书》。随着东汉古文经学的兴起，今文经学的地位面临严重挑战，至东晋梅赜所献《孔传古文尚书》出现并在唐朝成为《尚书》的唯一传本，伏生的《尚书大传》竟失传了。

清代以来不断有学者进行《尚书大传》的辑校工作，以福州陈寿祺（1771~1834）校注的《尚书大传辑校》较为完善。皮锡瑞早年开始经学研究，便是以《尚书》为中心。他花费 10 年时间撰写了《尚书大传疏证》，此后又写了《尚书古文疏证辨正》、《史记引尚书考》、《古文尚书冤词平议》、《尚书古文考实》、《今文尚书考证》、《尚书中候疏证》等著作。他积半生的功力，力辨《今文尚书》之价值，尤其重视发扬伏生的尚书学，力攻《古文尚书》之伪，认为《孔传古文尚书》是伪中之伪。

皮锡瑞为何如此推崇伏生的尚书学呢？我们可从皮锡瑞解经的原则谈起，他认为"解经当实事求是，不当党同妒真"，也就是追录经典的本来面目与经典的原初意涵，而不能因为学派分歧而埋没真理。皮锡瑞在推崇伏生的尚书学方面如何做到实事求是呢？这可从他解经的两个基本方法来看：一为"疏通古义，当据旧文"，即要了解经典最古老的意义，应当依据最原始的文本。从《尚书》的流传看，伏生所传《今文尚书》是清代仍有迹可循的《尚书》最古老的版本，它流传于西汉初年，早于东汉盛行的《古文尚书》，更早于东晋的《孔传古文尚书》。二是"文惟崇古，义乃戾今"，即经典的文本越古老越好，文本的义理则可以参考借鉴今人用今语进行阐释。伏生的《尚书》正是用汉代通行的隶书书写，易于流传，同时注重阐发经典的微言大义，有强烈的现实感。

师伏堂在刊行皮锡瑞著作方面发挥了巨大作用。《师伏堂丛书》由善化皮氏师伏堂辑印，共有十八种，分别是《经学通论》、《经学历史》、《尚书大传疏证》、《今文尚书考证》、《尚书中候疏证》、《古文尚书冤词平议》、《孝经郑注疏》、《郑志疏证》（附《郑记考证》、

《答临孝存周礼难》)、《圣证论补评》、《六艺论疏证》、《鲁礼禘祫义疏证》、《王制笺》、《汉碑引经考》(附《汉碑引纬考》)、《经训书院自课文》、《师伏堂咏史》、《师伏堂词》、《师伏堂骈文二种》、《师伏堂诗草》。可以说，皮锡瑞的主要著作都收入了《师伏堂丛书》。

《师伏堂日记》是以师伏堂署名的皮锡瑞的日记，原稿藏在湖北省图书馆，现已由北京图书馆出版社于2009年影印出版。该日记起自光绪壬辰年（1892）正月初一日，迄于戊申年（1908）二月初四日。在日记中皮锡瑞对每天的所见、所闻、所感都一一记录，其中对读书、写作和与学者往来等事的记载尤为详细，常将与学者来往书信全文记录。透过该日记，既可以了解皮氏所处的那段风起潮涌的历史，又可以探究皮锡瑞经学研究的心路历程。

2. 皮锡瑞综评郑玄

皮锡瑞的经学研究主要分为两方面：一方面是专注《尚书》研究，发扬以伏生为代表的西汉今文经学；另一方面便是对郑玄学术的彰显。1895 年，皮锡瑞作了《孝经郑注疏》，此后治学重点逐渐由《尚书》转向郑学，陆续写出了《郑志疏证》（附《郑记考证》、《答临孝存周礼难》）、《圣证论补评》、《六艺论疏证》、《鲁礼禘袷义疏证》、《驳五经异义疏证》、《发墨守箴膏肓释废疾疏证》等。

郑玄（127～200），字康成，北海高密（今属山东）人，东汉经学大师，汉代经学的集大成者。皮锡瑞对郑玄学术的评价有两点：一认为郑玄学说的兴盛导致汉学走向衰亡，例如郑玄所注的古文经学费氏《易》流行，而今文经的施、孟、梁丘、京之《易》便不流行了；郑注《古文尚书》流传，而今文经的欧阳、大小夏侯三家《尚书》便不再流行了；郑玄笺注了古文经的《毛诗》，而今文经的齐、鲁、韩三家的《诗》也就不显了；郑玄《礼注》流行而大小戴之《礼》便不流行了；郑玄《论语注》流行而齐、鲁《论语》不再流行了。二认为郑玄杂糅今古文经学，使经学专门之学走向消亡，但后人要了解汉学专门之学，必须借助于郑玄的注解。汉朝时每一经典有数家传承，每一家又有数种不同的解说，这让学者莫知所从。郑玄兼通今古文，融今、古文于一炉，于是学者们都向郑玄学习，而不必求教于各家，使经学进入"小统一时代"。皮锡瑞认为郑玄以古文经学为主，兼采今文经学的治学特点是通博的表现，但他这种褒扬郑学的态度遭到清末一些强调今古文门户之分、指斥郑玄淆乱家法的经学者的责难。

《郑志》是郑玄学生整理的郑玄与学生之间问答的记录，《郑记》是郑玄学生之间相互问答的记录。这两部书在北宋时失传了。后人有《郑志》辑佚本，皮锡瑞根据袁钧《郑氏佚书》本作《郑志疏证》和《郑记考证》，透过此二书可以了解郑玄的生平、学术先后异同，可与郑玄的各种经注相互参证。

《圣证论》是王肃为批驳郑玄而作。皮锡瑞作《圣证论补评》，指出王肃所谓的取证于圣人之言来批驳郑玄，实际上所取证的是《孔子家语》。而根据清代孙志祖《家语疏证》的研究，《孔子家语》应为王肃伪造，王肃的《圣证论》不过是用伪造的圣人语来批驳郑玄，自然是站不住脚的。

东汉今文经学大师何休的著作除了《春秋公羊解诂》外，又作《公羊墨守》、《左氏膏肓》及《穀梁废疾》，以驳难《春秋左氏传》和《春秋穀梁传》。作《公羊墨守》申说公羊家的春秋说，如墨翟守城，不能攻破；《左氏膏肓》指出《左氏春秋》问题很多，如人已病入膏肓，不可救治；《穀梁废疾》指出《穀梁春秋》如人得了瘫痪废疾，难于复起。其后郑玄作《发墨守》、《针膏肓》、《起废疾》以驳斥何休的观点，认为三传各有其优缺点，《公羊》并非十全十美。以上三种著作隋朝之后都失传了。皮锡瑞根据袁钧的《郑氏佚书》辑本，作《发墨守箴膏肓释废疾疏证》，厘清了春秋三家的区别，说明了郑玄与何休的不同。

皮锡瑞认为，郑玄注《孝经》最早，他采用今文经学的观点解释《孝经》，援引古礼注《孝经》，秉承了实事求是的态度，但是唐代以来的学者都不理解郑玄以礼解经的意义。随着唐明皇《孝经注疏》的流行，郑玄的《孝经》注便散佚而不完整了。皮锡瑞从叶德辉处得到了清代严可均辑的《孝经郑注》，以此为依据撰《孝经郑注疏》，为郑玄引礼注孝经进行疏通证明，同时证明《孝经》并非汉儒伪作。

许慎有感于东汉学者们讲五经异同众说纷纭，为了刊正各经而作《五经异义》，严格区分今文说和古文说。郑玄不同意许慎的很多看法，著《驳五经异义》。两书在唐宋之间均已失传。清代陈寿祺辑有《五经异义疏证》，皮锡瑞借助袁钧的《郑氏佚书》辑本，作《驳五经异义疏证》，指出陈氏《疏证》的四点不足：一为"漏略"，很多地方只是直录文句，未作证明。二为"阔疏"，有的解释过于简略。三为"习非"，沿袭前人的一些错误观点。四为"炫博"，有的地方引用过多，有炫耀知识广博之嫌。从今文经学的立场发展了陈寿祺的《疏证》。

郑玄著《六艺论》论评《易》、《书》、《诗》、《礼》、《乐》、《春秋》六经，隋朝之后此书失传，清代陈鳣辑成郑玄《六艺论》。皮锡瑞在陈氏所辑《六艺论》基础上作《六艺论疏证》，"考订残缺，别白是非"，揭示了郑玄先今文后古文，融今古文于一炉的学术特色。

小知识◎许慎

> 许慎（约58～约147），东汉汝南召陵（现河南漯河市召陵区）人，著有《说文解字》和《五经异义》等。《说文

解字》原书十四卷，叙目一卷，正文以小篆为主，收字9353个，又收古文、籀文等异体字1163个，共收10516个汉字。在造字法上提出"象形"、"指事"、"会意"、"形声"、"转注"、"假借"的"六书"学说。

3. 皮锡瑞综论朱熹

两汉经学有今古文之分。皮锡瑞认为，今文经学与古文经学的区别，一为文字不同，二为对经典的解说不同，三为流行时间先后不同。从文字看，今文经学是用汉代通行的隶书书写，例如熹平石经和孔庙等处的汉碑。古文经学是用汉代已不通行的籀书书写，例如岐阳石鼓和《说文》所载古文。从对经典的解说看，许慎在《五经异义》中列出了《尚书》、《诗》、《周礼》、《孝经》的今文经学解释和古文经学解释，这表明今古文经学对经典的解释不同。从时间看，今文经学盛行于西汉，专明"大义微言"，古文经学流行于东汉，多详"章句训诂"。

经学又有汉学和宋学之分。皮锡瑞指出"治经必宗汉学，而汉学亦有辨。前汉今文说，专明大义微言；后汉杂古文，多详章句训诂。章句训诂不能尽餍学者之心，于是宋儒起而言义理。此汉、宋之经学所以分也"。清代学者称汉代经学为汉学，与宋代理学的宋学相对。不过，一般清代学者讲的汉代经学，仅指其中的古文经学，其特点是重文字训诂、名物典章制度的考证，不重经典义理的阐发。而皮锡瑞所讲的汉学不是仅指古文经学，而是兼指今文经学和古文经学，而且他尤其重视今文经学。在他看来，"惟前汉今文学能兼义理训诂之长"。

皮锡瑞治学有兼综今文经学与古文经学、汉学与宋学的特色，反对门户之见。他在给叶德辉的信中指出："弟所学本兼汉、宋，服膺亭林、船山之书，素主变法之论。今讲已十余次，所说非一端，其大旨在发明圣教之大，开通汉、宋门户之见，次则变法开智，破除守旧拘执之习。"他在南学会讲学中，向时人宣讲自己的观点，指出"平心而论，汉学未尝不讲义理，宋学未尝不讲训诂，同时师法孔子，何必入室操戈"，"今古文皆述圣经，尊孔教，不过文字说解不同而已"。

皮锡瑞认为，在汉学中郑玄为集大成者，在宋学中朱熹为集大成者，朱学是经学的又一个小统一时代。朱熹作《周易本义》，卷首附有《河》、《洛》九图，讲先天、后天之学。朱熹怀疑《孔传古文尚书》是伪书，《书序》是魏晋间人作，这种看法可谓千古卓识。朱熹作《诗集传》，不以《毛诗故训传》为正宗，间采齐、鲁、韩三诗的观点，可谓成一家之言。朱熹在《春秋》研究方面很谨慎，对《春秋》义例的理解不是很自信，所以不敢妄下论断。朱熹《仪礼经传通解》以《仪礼》为主，兼采《大戴礼记》、《小戴礼记》等，仅写成家、乡、邦国、王朝礼便去世了，丧、祭二礼由黄榦完成。《周易本义》和《诗集传》在元代被定为科举考试定本，朱熹的经学在社会上产生了广泛影响。虽有朱熹之集大成，但仍无法改变唐宋以来经学衰落的局面，直到清朝初年才又迎来经学的复盛。

小知识◎戴震

戴震（1724～1777），字东原，安徽休宁人，在音韵、训诂、名物、制度、天算、地理学等方面都有突出成就，是清代汉学的集大成者。

白鹿洞书院
位于江西九江庐山五老峰南麓的后屏山，南宋时期朱熹、陆九渊等著名学者曾在此讲学

4. 皮锡瑞论清代汉学名家

在皮锡瑞看来，清代可谓经学的盛世，研究经学名家辈出。在《经学历史》中，皮锡瑞对清代经学成就进行了全面总结。他首先分析了清代经学复盛的原因：一是国家提倡经学，修纂经典，康熙、乾隆、嘉庆三朝有很多修经工作得到了国家支持；二为八股取士弊端太多，有识学者猛烈批判八股虚文，崇尚实学。

清代学者发扬汉学，皮锡瑞认为主要体现在两方面：一为传家法。师傅向徒弟传授，遵循一家之学称为家法。汉代学者研究经学都严守家法，经学博士都是传承一家之学。由于郑玄融合今古文，使两汉家法走向消亡。清代在传承家法方面，如惠周惕——惠士奇——惠栋三代传经，江永——戴震——段玉裁师徒传授，常州庄存与——刘逢禄、宋翔凤相传今文学，福州陈寿祺——陈乔枞父子相传。二为守专门。专攻经学中的某一部经，尤其专门研究该经的今文学、古文学或郑学解释，便是专门之学，如张惠言的《周易虞氏义》、孔广森的《公羊通义》、王鸣盛的《尚书后案》专门提倡郑玄的解释，陈乔枞的《今文尚书经说考》专门考证今文，陈乔枞《三家诗遗说考》兼考证齐鲁韩三家《诗》，胡承珙《毛诗后笺》和陈奂《毛诗传疏》专主毛《诗》，迮鹤寿《齐诗翼氏学》发明齐《诗》等。家法和专门在汉代以后便断绝了，清代学者几乎对汉代五经十四博士之学都进行了探源性考证研究。

皮锡瑞指出，清代学者在汉学方面的突出成就主要表现在三方面：一为辑佚书。汉学经典在流传中亡佚很多，这给经学研究带来极大困难。清代学者在辑佚书方面成果丰富，如余萧客《古经解钩沉》、王谟《汉魏遗书钞》、章宗源《玉函山房丛书》、孙星衍《古文尚书马郑注》、李贻德《左传贾服注辑述》、陈寿祺《尚书大传定本》、陈乔枞《齐鲁韩诗遗说考》等。二为精校勘。校勘指对同一书籍用不同的版本和有关资料加以比较核对，以考订其文字的异同、正误和真伪，校勘学的名家有戴震、卢文弨、丁杰、顾广圻、阮元等。三为通小学。这里的小学指汉代的文字训诂学，经学训诂名家有王念孙、王引之、段玉裁、郝懿行等。

皮锡瑞在《经学历史》中对清代学者的评价仅写到其出生之前，也就是1850年之前，而对他出生之后的经学成就只提到了王先谦的《皇清经解续编》，对其同时代的经学评价，只能从《师伏堂日记》或其他论著中探寻，他主要评价了王闿运、廖平、康有为、梁启超等。

1893年，皮锡瑞读了王闿运主讲的四川尊经书院的讲义，由此指出："王先生说《易》先通文理，不用象数爻辰，其旨亦本于焦理堂，而推阐之；《诗》不主《毛》，亦非尽用三家；《春秋》兼用《公羊》、《穀梁》新义，间出前人之外；《礼经》尤精，说《易》说《诗》，皆以《礼》证之，故其说虽新而有据，异于宋明诸人，与予说经之旨相同，惟予不敢过求新异耳。"认为自己的经学思想与王闿运之间有极大相似性，只是不若王氏那样追求新异而已。

湘潭园内的王闿运石刻

1893年，文廷式寄信与皮锡瑞论学，希望皮锡瑞在经训书院讲学中不讲常州学派和川学。皮锡瑞认为，常州庄氏之学有宋代学者改经的陋习，川学代表是廖平，他区分今文经学和古文经学是很有价值的，只是多有附会之词。

1894年，皮锡瑞得到康有为的《新学伪经考》。他认为，康有为的观点都是今文经学而全面否定了古文经学，这一点与自己是一致的，但是康氏有的观点过于武断，如说《周礼》等书都是刘歆作伪，恐怕刘歆没有如此大的作伪本领；康氏既相信《史记》，又认为《史记》被刘歆改窜，有些自相矛盾。

1897年，湖南巡抚陈宝箴在长沙设立新式学堂——时务学堂，聘请梁启超为中文总教习，皮锡瑞大概在此时通过诗会交流认识了青年梁启超。皮锡瑞读梁启超"发明公羊家言"的《读春秋界说》,感到"梁氏文笔甚畅,使予为之,不能如此透彻"。皮锡瑞在此期间还经常到时务学堂与梁启超论学。

小知识◎惠栋

惠栋(1697～1758),字定宇,号松崖,江苏吴县(今苏州)人。清代汉学的奠基者,汉学中吴派的代表人物。

5. 学者眼中的皮锡瑞

皮锡瑞的经学研究成就在其生前已得到学者的普遍认可,这一点在前文论皮锡瑞的学术朋友王先谦、王闿运、叶德辉时做了说明,后世的经学研究者对其经学成就也给予了很高的评价,主要有几方面:

一、皮锡瑞在清代经学史上地位很高。如章太炎在《说林》一文中将清代经学学者的成就分为五等,皮锡瑞居第二等,他评价说"守一家之学,为之疏通证明,文句隐没,钩深而致之显。上比伯渊,下规凤喈,若善化皮锡瑞,此其次也",把皮氏放到了仅次于俞樾、黄以周、孙诒让的地位。皮名举在《皮鹿门先生传略》中指出:"公以经学名于时。光绪五年,年三十,乃始治经。研精覃思,更三十年,著书百卷,成一家言。"

二、对皮锡瑞考证谨严的文风充分肯定。如周予同在《皮锡瑞传略》中指出:"皮氏治经,宗今文;但持论平允,没有康有为那样的武断,也没有廖平那样的怪诞。……他的著作内容,虽没有很伟大的创见,如同时几位著名的经今文学大师,但学术门径很清楚,善于整理旧说,所以如《经学历史》、《五经通论》等书,对于初学者,真可称为'循循善诱'。"朱维铮在《中国经学史十讲》中指出:"与廖平、康有为鼎足的经今文学家皮锡瑞留下的经学论者,非但数量多,而且在学术上的严谨程度,非魏源、康有为辈所能望其项背。"

三、高度评价其严守今文经学的立场。如田汉云在《中国近代经学史》中将皮锡瑞说成是清代"正统今文学的殿军",认为"他对经典要旨的阐发,既注意忠实于经文的本义,又注意切合当世政治的需要,与康有为、廖平等人的任意附会颇不相同。他的认识代表了正统的今文学家对儒家学说的重要解读与建构"。陶清在《晚清今文经学的复兴·皮锡瑞》中指出:皮锡瑞"经学思想的基本观点,整合春秋公羊学之大成,而主以《春秋》义例范定诸经,也将嘉道年间庄存与、刘逢禄所创立的公羊学派的基本理论予以充实、拓展,以成一家之言,并达至晚清学术思想之主流地位","皮氏经学说,几成晚清今文经学家之共识"。

四、在与康有为、梁启超的比较中分析皮锡瑞的学术特色。如汤志钧在《戊戌变法人物传稿》中指出:"皮锡瑞,经今文学家也。今文经学,'所贵在微言大义',尤助康、梁改制之说。然而皮锡瑞与康有为亦有殊异,盖有为'通经致用',援饰经说,倡言维新;而锡瑞则笃守今文家法,主《王制》,以《易》、《礼》为孔子所作,'门户森然',堪称晚清之经学大师。"范文澜在《经学讲演录》中说:"今文学中,真正算得上是今文学的经师的是皮锡瑞。皮是个进步的举人。康梁变法失败后,他即闭门著书。他比康、梁好得多,是个真正的经生。他作的《经学历史》是一部比较好的书。他有点偏于今文学,但他对各家的评价基本上是公允的。"

五、高度肯定皮锡瑞的《尚书》研究成就。盛冬铃、陈抗在《今文尚书考证·点校说明》中指出:"至清末,今文学派在学术界几乎所向披靡,皮锡瑞是其中一员健将。皮氏所撰《今文尚书考证》,可以说是集清人《尚书》今文学大成之作。"

图书在版编目（CIP）数据

经学大师——皮锡瑞/金小方著. — 郑州：中州古籍出版社，2016.8
（华夏文库）
ISBN 978-7-5348-5629-7

Ⅰ.①经… Ⅱ.①金… Ⅲ.皮锡瑞（1850~1908）-经学-思想评论 Ⅳ.①B259.95

中国版本图书馆CIP数据核字（2015）第235978号

华夏文库·儒学书系
经学大师——皮锡瑞

总 策 划	耿相新　郭孟良
项目统筹	单占生　萧　红（执行）
责任编辑	张向敏
责任校对	周　靖
美术编辑	曾晶晶
版式设计	曾晶晶
封面设计	新海岸设计中心
责任印制	刘新毅

出　版	中州古籍出版社
	地址：河南省郑州市经五路66号
	邮编：450002
	电话：0371-65788693
经　销	新华书店
印　刷	河南新华印刷集团有限公司
版　次	2016年8月第1版
印　次	2016年8月第1次印刷
开　本	960毫米×640毫米　1/16
印　张	9.75印张
字　数	98千字
印　数	1-3000册
定　价	26.00元

本书如有印装质量问题，由承印厂负责调换